一读

欢迎来到日本中世

[日] 吴座勇一 著
杨晓钟 寇梦珂 唐珊珊 译

陕西新华出版传媒集团
陕西人民出版社

前言

日本史学中"中世"这一时代划分,大约指的是平安时代末期至战国时代。与江户时代(近世)持续近250年的和平相比,这是一个战乱频发、躁动不安的时代,爆发了诸如源平合战(学界称"治承·寿永内乱")、南北朝内乱、战国争乱等常被历史小说、电视剧取材演绎的大型战争。所以,有不少历史爱好者自诩对日本"中世史如数家珍"。

但事实上他们对日本中世社会的真实情况究竟了解到何种程度呢?笔者深感怀疑。诚然,有一定数量的人熟知源义经、楠木正成、织田信长等中世武将,或者通晓川中岛合战、关原之战等中世交战。然而,即使在战乱频发的中世,人们也不是一年365天全天候都在打仗。在交战间隙,他们也有日常生活。这一点,有多少历史爱好者了解呢?要想真正了解中世史,只知晓英雄事迹和战争原委还远远不够,还须了解中世人的生活,乃至他们的心性与价值观。

实际上日本史学界已经积累了许多对中世人的生活、文化、信仰等方面的研究。相关学者的研究热情丝毫不亚于对政治史、外交史、经济史的研究。可遗憾的是，其成果并不为普通历史爱好者所知。市面上并非没有面向大众解读中世人日常生活和世界观的书籍。诸如盛本昌广的《赠答与宴会的中世》（吉川弘文馆）、苅米一志的《杀生与往来之间：中世佛教与民众生活》（吉川弘文馆）等，都是对笔者执笔本书有很大参考价值的优秀作品。这些作品并非学术论文，而是面向普通读者的著述。

但无论是"赠答"还是"杀生"，聚焦于这些特定主题的著作对于普通的历史爱好者都显得门槛过高。在挑战此类书籍之前，首先要了解中世社会的概要。

然而，简明扼要地讲述"中世社会是一个怎样的社会"的概述性书籍竟意外地少之又少。各出版社推出的"日本历史"系列的通史类书籍往往偏重于讲述政治史，至于日本人从何时开始庆祝生日？中世人如何过年？冠婚葬祭如何进行？能回答出这些朴实疑问的著述可谓寥寥无几。而且"日本历史"系列丛书全卷加起来超过20卷，仅仅是中世的内容就得读个六七卷。

非要选一本开始看的话，那就是本书中提到的由中世史学家网野善彦所著的《重新解读日本历史》（筑摩学艺文库）。但该书初版刊行于1991年，此后随着日本史学界研究的深入，网野的许多观点已被否定。我们仍然亟须一本基于最新研究成果的概述类著作。

既然没有，那就自己写一本吧。基于这种想法，笔者撰写了这本书。本书之所以叫《欢迎来到日本中世》而不叫《日本中世史》，是因为这不是一本常见的以政治史为中心的中世史入门书。当然，考虑到对日本史不太了解的读者，笔者写作时也对相关历史背景做了细致地说明。

那么接下来，敬请各位跟随笔者一同进入日本中世这个"别样的世界"吧！

目 录

第一部　中世的人生

中世的家族

女天皇只是"过渡天皇"？……… 001
从氏到家……………………… 004
中世的"家"是男系继承………… 007
中世"家"的义务是延续………… 010
"一夫一妻制"的确立…………… 013
从"赘入婚"到"嫁入婚"……… 016
镰仓武士实行嫁入婚…………… 019
源赖经的嫁入婚………………… 022
北条政子与"后妻打"…………… 025
中世百姓的"家"与结婚………… 029
中世女性的离婚………………… 032
男女离婚、再婚的不平等……… 037
中世的"妻敌打"………………… 040
中世的财产继承………………… 043
中世武士的兄弟关系…………… 046

中世的教育

日欧教育差异……………………… 050
武家的道德教育…………………… 053
文武双全之谏……………………… 056
武家的帝王学……………………… 059
普通武士的识字能力……………… 062
显密寺院的高等教育……………… 065
显密寺院的初等教育……………… 068
贵族社会的初等教育……………… 071
禅僧讲授朱子学…………………… 074
禅寺注重实学……………………… 077
足利学校的"复兴"……………… 080
足利学校的教育…………………… 084
寺院学校的普及…………………… 087
庶民教育…………………………… 090

中世的生老病死

中世的产房 …………………… 094

分娩过程是公开的？ ………… 098

分娩的污秽 …………………… 101

中世的"老" …………………… 106

中世的医疗 …………………… 109

中世的医科 …………………… 112

贵族的丧葬 …………………… 116

平民的丧葬与污秽 …………… 119

第二部　中世的交流

中世的宴会 …………………… 125

中世的寺社巡礼 ……………… 128

中世的庆生会 ………………… 131

中世的新年 …………………… 134

中世的外国人……………………… 136
中世的集体生活…………………… 139
中世的接待………………………… 141
中世的游戏………………………… 144
中世的书信………………………… 147
中世的赠礼与回礼………………… 149
中世的表演艺术…………………… 152
中世的导游………………………… 154
中世的旅游………………………… 157
中世的花祭………………………… 169
中世的儿童节……………………… 171
中世的观光………………………… 173
中世的同僚………………………… 175
中世的"调职"…………………… 178

中世的招待…………………… 181
中世的搬家…………………… 183
中世的自夸…………………… 185
中世的骂人…………………… 187
中世的人生咨询……………… 189
中世的对谈…………………… 192
中世的读者…………………… 194

结语…………………………… 197

第一部 中世的人生

中世的家族

女天皇只是"过渡天皇"?

日本古代和中世的最大区别是"家的形成"。一般认为日本现代家庭的雏形诞生于中世。

近年来,在日本,有关是否应推行夫妻别姓的问题争论不休。目前,日本女性婚后十有八九还是随夫姓,究其原因,在于人们认为在日本的传统家庭模式中,父系、男权占据优势地位。不过,当今历史学界提出,日本古代其实并非是男性占优。因为古代社会是"双系制"社会,个人同时与父系、母系两个血缘集团保持密切联系,继承双方的政治地位和财产。

日本古代社会被视为"双系制"社会的依据是什么呢？首先是缺乏明确的婚姻居住制度，即对夫妻婚后是居住在男方家还是女方家未有明确规定。其次是男女均分的财产继承惯例。在子女财产分配问题上，一般男女平等分配，并不存在男性多得。另外，这一时期还被指出存在随母姓或者父母双方姓氏的情况。

母系血统在继承政治地位中的重要性，也印证了日本古代是"双系制"社会。有关这一点，古代天皇的婚姻关系就是证明。

日本古代皇族盛行近亲婚配。比照现代价值观，实在有违伦理，令人咋舌，不过在当时近亲婚配确实屡见不鲜。

举个家喻户晓的例子，天智天皇的女儿嫁给了天智天皇的弟弟大海人皇子（后来的天武天皇），而且后来，天智天皇的另外三个女儿也嫁给了天武天皇。也就是说，叔叔娶了四个侄女。

对现代人而言这或许过于荒唐，因此推理小说家井泽元彦等人才提出了"天智天皇和天武天皇其实不是亲兄弟"的奇说吧。不过，古代的常识和现代的常识并不能一概而论。

那么，为什么这时期近亲结婚如此之多呢？因为当时皇位的继承极其看重母系的血统，其母也是皇族的皇子成为天皇的概率更高。壬申之乱中，大海人皇子讨伐天智天皇的长子——大友皇子，后继位天皇，而引起这场动乱的原因之一就是大友皇子母亲的身份。

与舒明天皇和皇极天皇所生的大海人皇子相比，大友皇子的母亲是伊贺国出身的采女①，身份地位较低。因此，朝廷内部充斥着对大友皇子的不满，认为他没有资格继位天皇。

由于母亲的身份至关重要，所以如果想让自己未来的孩子成为天皇，最好选择和女性皇族婚配生子。皇族之间的婚姻备受追捧，其结果便是近亲婚配越来越多。

另外，从某种角度来说，对于古代婚姻史的研究实际上是在如何看待女天皇的争论中发展起来的。自明治时代以来，女天皇一直被认为是"过渡天皇"。

女性过渡天皇论又称女帝中继论，指在漫长的天皇历史中，尽管曾有女性成为天皇，但那仅是个例外。本该继位天皇的皇太子因年龄尚小，就先由皇后或皇婶作为过渡即位天皇，直到皇太子长大成人。让女性继任天皇只是权宜之计，由其临时代行天皇之职而已。

从明治时期到二战后，女性过渡天皇论一直是学界公认

---

① 日本古时宫中女官之一。各地应召选送入宫从事日常杂事（如伺候天皇膳食等）的后宫低级女官。（本书脚注均为译者注）

的说法，但随着研究的深入，也开始有学者认为，这只不过是先入为主的看法。

明治政府颁布的《皇室典范》否定了女性的皇位继承权。这一时期，《皇室典范》称既往存在的女帝只不过扮演着"过渡角色"，从而将排除女天皇正当化了。由于《明治民法》规定男性权利优先于女性，丈夫权利优先于妻子，因此男尊女卑的价值观渗透到了日本社会的各个角落，助推了女性过渡天皇论的发展。

但在实际的历史上，女天皇其实都是按照自身的政治意志，行使着巨大的权力。派遣遣隋使的推古天皇如此，为古代日本最终发展成律令制国家奠定基础的持统天皇也是如此。可以明确的是，女天皇并不一定是"过渡天皇"，而是与男性天皇发挥着同等重要的作用。了解古代的双系制社会，对思考如今的女天皇、女系天皇问题也很有必要。

从氏到家

日本古代并非没有"家"这个概念，只是不同于我们现在的家，在古代，比起家，氏族才是中心。

氏族是由氏人组成的同族集团。古代日本人认为自己是神的后裔，他们以氏为单位来祭祀共同的祖先，即共同的神——氏神。氏族的首领、最高统领被称为"氏上",氏上兼任祭祀氏神的祭司。换言之,氏上既是政治代表,同时又是宗教代表。

氏族占据一定的地理区域结成村落,过着经济上自给自足的生活。古坟时代以后,统治日本列岛的政权是大和朝廷(近年称之为"倭王权"等)。这个大和朝廷实际上就是强势氏族的联合体、联合政权,并不是由大王(后来的天皇)掌握着绝对的权力。

但是,历经大化改新、壬申之乱之后,天皇的权力逐步得到了加强。到了8世纪,大和朝廷从中国引入了律令,形成了以律令制度为基础、以天皇为中心的中央集权国家。

由此,大和朝廷逐渐从苏我氏、葛城氏、大伴氏等强势氏族组成的联合政权,蜕变成了律令国家。在律令国家中,辅佐天皇的不再是豪族而是律令官员,官员均受封于天皇,氏族内部的联系逐渐淡薄。

然而,氏上对氏族的私人统治权虽然从形式上被否定了,却并没有像中国那般彻底。中国施行的是科举制度,只有通过科举才能成为官僚,但是日本并没有彻底到这个地步,所以氏族体制并没有完全消亡。

由于官员不是通过科举选拔的,因此具有较大经济特权、政治权力的高阶官位仍旧被有权势的氏族所占据,其中最显赫的自然是藤原氏。

氏族的社会功能在律令制下得以延续，朝廷中的高级官员就是各自氏族的统领。古代的家就存在于这样的氏族之下，氏则是这些家组成的联合体、集合体。这与我们印象中的日本从中世到现代的家是不同的。

要说哪里不同的话，就是这个时期的家中尚未形成由父传子的继承原则，而中世到现代的家，基本遵循由父传子，特别是传给嫡子的继承原则。

即使在现代日本，也经常听到"长子继承家业"的说法。特别是在务农、经商家庭中，依然有"子承父业"的传统。这种继承方式便是汲取自中世的"家"，而在古代继承制度尚未确立的时候，继承不一定是由父传子。

简单讲，在律令国家中，最出类拔萃的人才能继承家业，所以继承不仅限于父传子，兄及弟、叔传侄、舅传甥的现象也不胜枚举。这被称为氏族继承。

平安时代以后，藤原氏独占摄政和关白两个朝廷权力最高的职位，但职位由父传子的情况其实并不常见。也就是说，摄政、关白之职一般由在藤原氏内部权力斗争中获胜的人就任，直接由父传子反倒是例外。

不仅仅是藤原氏，其他氏族中也同样如此，父亲的地位未必由其子嗣直接继承。因为家中、氏中存在竞争，只有胜者才能最终继承，所以还未正式形成嫡系继承，也就不存在所谓的"子承父业"的"家"的概念。

但是，从古代到中世，随着氏族的逐渐解体，氏之下的家开始自立。由此，中世的"家"逐渐形成。

中世的"家"是男系继承

中世的"家"是指在共用的宅基地与建造于其上的房屋中，以共同居住的夫妻、父母子女、兄弟姐妹为中心的最小单位的生活共同体。有房屋有土地，大家共同居住，就如同我们印象中的家庭一般。结婚即为夫妻两口之家，诞下子嗣则为父母与子女组成的三口之家，若子女众多，则为父母与子女及兄弟姐妹组成的多口之家。宅基地还附带有墓地和氏寺[①]，发挥着凝聚家族精神纽带的作用。

当然，"家"的财产不仅指不动产，也包含武器、农具、钱币等动产，此外，在中世还存在对人的所有权（隶属于主

[①] 日本佛教用语。又称菩提寺、香华院。奈良时代，日本各大寺院皆为官寺。后来，豪贵氏族为祈求现世利益与未来菩提，所建立之道场，即谓氏寺。

人的佣人被称为仆人）。"家"就是一个利用不动产和动产进行生产与劳动的经营体。为谋生计，"家"持有、管理着财产，并不断地由父辈传向子辈，代代如此。

"家"所持有的家业、社会地位等，主要由父母传给嫡子，即男系继承家督、当主之位。不仅是财产，地位也是如此传承，因此可以说是完完全全的世袭。

当然，不可避免地也存在无人继承家业的情况。比如说，膝下无子或者白发人送黑发人。这种无法由父传子的情况下，通常以祖传孙、兄传弟、叔传侄、舅传甥等形式传承下去。

但是，由于"家"的继承原则是由父传子，所以大多数情况下会采用收养子的形式，即使是由祖传孙，孙辈也要被收养为养子，兄传弟、叔传侄、舅传甥亦是同理。总而言之，即便无法做到由父传子的传承，也会通过收养的方式满足父传子的形式要求。

日本中世养子的普遍化表明，父传嫡子的男系继承原则已经占主导地位，即使膝下无子的情况下，也必须采取与之相似的形式。如果是从"襁褓期""幼年期"等较早时期开始被长期养育长大的养子，会受到视如己出般的尊重，但养育并非是必要条件。极端地说，养子的来历并不重要。

尽管在继承中，男嗣是首选，但也不是完全不考虑女嗣。比如，江户时代的商人，经常会挑选出色的下人与自己的女儿结婚，并让他来继承家业，而不是让儿子继承。这就是所谓的婿养子，也就是我们常说的入赘女婿。与其让家业毁在不成器的儿子手中，不如传给优秀的婿养子，基于这种想法，便有了女系继承的情况。

然而，中世家族史研究专家高桥秀树指出，中世时期，男系继承仍是最基本的形态。即使膝下无子，原则上也是兄传弟、叔传侄、舅传甥，也就是在男系间传承。

女系继承、姻亲继承也不是完全不可能。战国时期，竹原小早川家的当主小早川兴景战亡，家中后继无人，于是毛利元就便将自己的第三子隆景过继到竹原小早川家去做养子，继承了竹原小早川家的家督之位。这种收养方式来源于姻亲关系：兴景的妻子是元就的兄长兴元的长女。

之后，沼田小早川家的当主小早川繁平因病双目失明，元就便迫其"退隐"，让隆景继承了沼田小早川家（竹原小早川家和沼田小早川家被合并）家业。尽管事实上这就是吞并，不过元就让繁平的妹妹与隆景结婚，也算在形式上满足了女系继承。如此看来，尽管男系继承并非必要条件，但人们对于收养毫不相干的养子依然有所顾忌，所以才刻意追求沾亲带故的姻亲关系。

中世"家"的义务是延续

中世时也存在由母系家族的女性来继承家业的情况。例如，如果嫡子尚且年幼，不能马上继承家主之位的话，就由已故家主的遗孀（未亡人）继承。

其中最有名的例子当属北条政子，她便是以遗孀的身份，作为"尼将军"在镰仓幕府内掌握了绝对权力。镰仓幕府第一代将军源赖朝去世后，他的两个儿子（源赖家、源实朝）尚且年幼，其遗孀北条政子便担起了源氏将军家的家主重担。

而以"恶女"之名著称的足利义政之妻——日野富子，在义政生前其实也没有什么引人注目的功绩，富子真正开始掌权也是在义政去世后，以遗孀的身份担当了足利将军家的家主之职。

NHK（日本放送协会）大河剧《女城主直虎》的播出，曾引起了人们对女大名的关注。关于井伊直虎，尽管有人对其性别持有异议，但当时确实存在女大名，其中赫赫有名的就是寿桂尼了。今川氏亲（今川义元的父亲）去世后，由于今川家的继承人氏辉（义元的兄长）年纪尚小，作为氏亲的遗孀、氏辉的母亲，寿桂尼便接管了政务。掌权期间，寿桂尼用自己的印章签发公文，是当时公认的今川家当主。另外还有其他众所周知的例子，如洞松院，她在丈夫赤松政则去世后，作为赤松家当主掌握着实权。

但是，这种由遗孀继承家主之位的做法说到底只是一种过渡措施。虽然前述的古代的女天皇并非都是"过渡天皇"，但中世的女家主确实是"过渡家主"，只是在本该继承家业的男嗣长大成人前，暂任家主之职而已，毕竟，男系继承才是正统。

男系继承原则与中世的"家"所具有的公共性有关。引进律令制度之后，日本的公共空间、公开场合开始变得以男性为中心，出现了"政治是男人的事"的观念。于是，与政治密切相关的男性自然就成了"家"的代表。

中世的"家"是一个具有延续性的社会组织，以子子孙孙世代相传为前提。因此，"家"从根本上讲是不能断绝的，如果没有子嗣，即使领养也要继续延续下去。

为什么要追求延续呢？正如前文所述，中世的"家"是一个公共组织，是所有社会组织的基本构成单位。中世的朝廷实际上掌握在以藤原摄关家[①]为首的贵族家族的集合体手

[①] 日本平安时代，外戚藤原氏独占摄政、关白两大重要官职，被称为"摄政家"。天皇年幼时，藤原氏以摄政身份代行皇权；天皇成人亲政后，藤原氏改任关白，继续掌握朝政大权。

中。朝廷本应由律令官员来运营，但在中世，他们几乎没有发挥任何作用。官僚制形同虚设，政务处理完全依靠贵族家族，也就是公家们的合作与协调。关于如何顺利处理政务、举行仪式的技巧并非保存在公共档案之中，而是由各贵族家族自行积累的。甚至可以说，中世贵族孜孜不倦地记述、保存的日记，就成为他们子孙后代行事的秘籍宝典。

幕府基本上也是如此，是由一个个有权势的武士家族组成的联合体、集合体。幕府内的官职原则上也是世袭，将军对个人的提拔属例外。此外，许多幕府官员即使辞去官职，过起了隐居生活，却仍然能继续行使权力。说到底，一个人是否在幕府中担当职务并不重要，重要的是他是否是"家"的代表。

就村、町而言，"家"也是基本的构成单位。中世后期的自治性村落被称为"惣村"。在惣村，各家各户的代表聚集在一起商量决定村子的大小事务。因此，惣村简单讲就是各"家"的当主的联合体、"家"的联合体。不能代表"家"的人，例如当主的妻子和孩子，原则上没有发言权。因为惣村的基本构成单位是"家"，不是个人。

如上所述，中世社会的基本构成单位是"家"，没有"家"，中世社会将难以运行。上自朝廷、幕府，下到惣村、町等，"家"都是基本构成单位，一旦"家"无法延续，就会引发各种各样的问题。因为这意味着承担公共事务的组织的消亡。

举个通俗易懂的例子，如果以和歌为家业的御子左家（以藤原长家为祖，藤原氏历代相传的著名和歌家流，见本书P72）和以蹴鞠为家业的飞鸟井家后继无人的话，朝廷将难以维继。因此，即便是收养养子，也必须让"家"延续下去。

"一夫一妻制"的确立

无论是现代家庭，还是中世的"家"，其最小单位都是一对夫妻。那么，探究这对夫妻是如何形成的，就成了思考中世"家"的特征时绕不过去的一道坎儿。换句话说，就是探究结婚的问题。

古代的婚姻形态被称为"访妻婚"，其中的"妻"并不一定是指女性。据《古事记》《日本书纪》《风土记》《万叶集》等记载，古代的"妻"是指一对夫妻中的任一方。从男性角度出发，配偶当然是"妻"，而从女性的角度出发，丈夫也被称呼为"妻"。

因此，即便名为"访妻婚"，也不一定就是男方去到女方的住所，而是男女二人中，任何一方向中意的另一方表达爱意或求婚，如果对方接受了，则婚姻成立。

下面要讲的这点极为重要：在日本古代，夫妻不一定同居。如前所述，中世的"家"是以夫妻同居为前提的，但是在古代，即便男女结婚成为夫妻，也不一定会同居。大多数时候夫妻双方婚后也各自与父母、兄弟一起生活、劳作，到了夜晚才会去往对方家中，待至清晨返回。如果大家读过《源氏物语》，想必对这一点就会明了。

由于"访妻婚"中的"妻"原本就不一定是指女性，因此访妻婚既有男方去女方家的，也有女方去男方家的。不过，通常多是男方去女方家。所以，孩子出生后往往是在母亲家长大。

当然，如果双方生育了多个子女，通常会同居，但这也并非是强制性的。同居前夫妻关系破裂、同居后因合不来而分开的情况也不胜枚举。可以说，这与中世到现代的夫妻、家庭形式大相径庭。

如果夫妻不同居的话，有可能会出现同时拥有多名伴侣的情况。正因为同居了，丈夫不回家的话，妻子才会怀疑丈夫"是不是出轨了"。但如果原本就没有同居，在日本古代，只要本人情愿，与多少个异性保持性关系都是可以的。

古代婚姻史研究表明，这种性自由并非只是丈夫一方的权利，妻子一方也能与多名男性发生性关系。换言之，古代的婚姻形态具有多夫多妻的特质。

以我们现代人的眼光来看，古代似乎是一个乱伦、乱交的野蛮时代。说好听点，那是一个开放的时代。不过，近年来也有人对强调古代女性性爱自由的这一普遍观点提出了异议。

虽说之后逐渐过渡到了一夫一妻制，但是地位高的男性可以纳妾，而女性一方只能与丈夫一人保持性关系，与其他男性发生性行为将被责难为不忠。

尽管男性可以有多个妾室，但正妻却只能有一个。在古代，男性可以同时与多名女性交往，至于哪个女人最重要，并没有固定的排序。然而渐渐地，即使一名男性与多名女性结婚，也要将其中一人定为正妻，将其与其他妾室区分开来，有观点将此看作"一夫一妻制"的确立。因为这虽然不同于现代平等的一夫一妻制，但与古代多夫多妻制的婚姻形态明显不同。

关于一夫一妻制的确立时间，学界争议不断，莫衷一是。有说法认为它早在10世纪左右就已确立，但也有观点认为要比这更晚。不过一致的观点认为最迟也不晚于11世纪下半叶，也就是院政时代（摄关政治时代到镰仓时代之间）。在此期间，已普遍出现将一名女性定为正妻的现象。

另外，古代女性史研究专家服藤早苗认为，公家嫡系继承的"家"形成于9世纪末到10世纪末，确立于11世纪末。显然，夫妻关系的稳定对中世"家"的确立做出了重要贡献。

从"赘入婚"到"嫁入婚"

那么，丈夫和正妻是如何结婚的呢？首先，让我们来看看平安贵族的婚姻。一段婚姻的成立，最为重要的是女方父亲的应允，即便是在今天，男方通常也要上门拜访女方父亲，请他将女儿交给自己，平安贵族的婚礼就连结婚仪式在何处举办、如何举办的权力也掌握在岳父手中。

那么，平安贵族的婚礼是以怎样的形式举行呢？当时，男方要前往岳父家，在那里举办婚礼，而且婚后夫妻双方也要生活在岳父家中。这被称为赘入婚。

然而，随着男系比女系越来越更受重视，这种赘入婚的风俗逐渐消失，在妻家同居生活的形式也慢慢消亡。服藤早苗的研究表明，到了平安中期，贵族阶层的夫妻婚后起初是男方晚上去往妻家或同住在妻家，但生活过一定时间后便会一起移居至夫家准备好的宅邸。也就是说，婚后最初是赘入婚的形式，但只是走个过场，最终还是在夫家生活。

经过这样的过渡期后，公家社会的婚姻形态开始从赘入婚向嫁入婚过渡，新郎方派迎亲的牛车①去新娘家，把妻子接回自家。

不过，在从赘入婚向嫁入婚的过渡期间，似乎也有贵族反对嫁入婚这种新的婚姻形态。举个例子，建久二年（1191），九条良经和一条能保的女儿结婚了。九条家乃摄关家②之一，但此一条家并非摄关家的那个一条家，而是藤原北家中御门流的庶流。身份地位看上去如此悬殊的两个家族能结为姻亲，实际上是因为一条能保娶了源赖朝的妹妹。也就是说，能保是源赖朝的妹夫，有着非常大的权势，所以这桩婚姻才能成立。

结婚当时，赖朝向妹夫能保建议："我认为嫁入婚更合适。"但是，良经的父亲九条兼实表示反对。据兼实的日记《玉叶》记载，他反对的理由如下：

第一个理由是先例皆不吉。摄关家此前的几例嫁入婚都没有好结果，不是男女双方有人患病了，就是婚后家庭绝后

---

① 平安时代贵族们乘坐的带篷牛车。
② 摄关家是藤原北家嫡系的五族：近卫、九条、一条、二条和鹰司。这五家垄断了公家社会的最高官职：摄政与关白。因此并称"五摄家"或"五摄关家"。

了，兼实认为这不是吉兆。

第二个原因是经济因素。嫁入婚，须备新房迎新妇。而九条家的经济状况无法实现。

九条兼实列举如上理由后，说道："嫁入婚，实难行之，仍承袭赘入婚。"最终，兼实外出公干期间，良经入赘了一条家。由此可见，对于嫁入婚这种新的婚姻形态，九条兼实抱有强烈的抵触。

反对嫁入婚的不仅是九条兼实。其孙九条道家对此也持否定态度。嘉祯三年（1237），近卫兼经和九条道家的女儿仁子结婚。近卫家同样是摄关家之一。兼经之父家实向道家提议嫁入婚，却遭到了道家的反对。与其祖父的主张一般，他也认为摄关家都是赘入婚，为数不多的嫁入婚的先例均没有好的结果。

据道家的日记《玉蕊》记载，交涉的结果是双方达成了妥协：兼经、仁子夫妇婚后在夫家（近卫家）生活，但是夫家不派迎亲牛车，而由妻家（九条家）准备牛车出嫁。

夫家或妻家哪一方准备牛车并没有多大区别。但是，九条道家担心由夫家派迎亲牛车的形式与天皇的婚姻相似，会冒犯天皇。自古代起，天皇结婚时就会派迎亲车去女方家迎接，接女方入内里（皇居，天皇住所），因此将其称为"入内"。道家认为，夫家派迎亲车迎接新妇与"入内"相似，是对天皇的不敬。

这可以说是处于一人之下万人之上的摄关家的人才有的想法。在中下等贵族中，丝毫看不出对嫁入婚的回避，更不用说他们会在意哪一方派迎亲牛车了。因为他们与天皇身份悬殊，所以谁也不会认为是在模仿天皇。但如果是摄关家采用嫁入婚，就会让人觉得模仿了天皇，被有心之人说成是得意忘形、藐视皇权。这便是道家的担忧。话虽如此，摄关家最终还是逐渐转而实行了嫁入婚。

镰仓武士实行嫁入婚

上面主要介绍了公家的结婚方式。那么中世的武士是如何结婚的呢？

自二战前以来，学界普遍认为武士阶层先于公家，早在镰仓时代就已经过渡为嫁入婚了。

对此，中世女性史研究专家田端泰子对赘入婚、嫁入婚二选其一的观点提出了异议。她将目光投向了《吾妻镜》。这本史书记载了镰仓幕府自初代将军源赖朝到第六代将军宗尊亲王等历代将军的丰功伟绩。虽然该书并非是由幕府编纂的正史，但学界普遍将其视为准官方史书，编纂者应该是北条氏的近臣。书中"嫁"这一字眼频繁出现，田端对其含义进行了细致的分析。

"嫁"字乍一看似乎意味着女性嫁给男性。但田端指出，"男性嫁给女性"这一表述在《吾妻镜》中也屡屡出现。

如此，就不能说镰仓时代的武士阶层一般实行嫁入婚或赘入婚了。因为如果女方去男方家、男方去女方家都使用相同的"嫁"字的话，便意味着在镰仓武士阶级中两者原本就没有区别。如此倒不如说镰仓时代的武士婚姻形态最接近古代的访妻婚。

近年来，高桥秀树和辻垣晃一对上述田端的观点提出了异议。他们认为如果去细究公家日记等古老记录的话，会发现其中随处可见使用"男性嫁给女性"来描述"男方派迎亲车去女方家"的例子。而且此种情况下的夫妻婚后住在夫家，所以是嫁入婚，不是"男方在女方家生活"的赘入婚。

另外，"嫁"字也并不一定意味着男女正式结为夫妻。男女间仅发生了性关系、男子与他人之妻私通的情况下，也会使用"嫁"字。

因此，单从"嫁"字这一记述来看，无法明确婚姻形态是嫁入婚、赘入婚，还是访妻婚。在这点上田端的观点确实是有问题的。

高桥和辻垣全面研究了中世武士的婚姻状况后指出，在能够确认的事例中，大多数都是夫妻双方婚后在夫家同居生活。所以他们得出结论，中世时期武士阶层的婚姻主要是嫁入婚。笔者也同意这一观点。

更进一步说，武家社会应该比公家社会更早地演变为了嫁入婚。源赖朝建议九条良经和一条能保的女儿采取嫁入婚，或许也是因为嫁入婚已经在武家社会普及了吧。

当然，赘入婚也并没有完全销声匿迹。要说其中有名的例子，就属源赖朝的婚姻了。

建久四年（1193），源赖朝在富士山举行围猎时，曾我兄弟混入其中为父报了仇。有不少军记物语以此为原型，记录了曾我兄弟的成长经历。在这其中有一本书叫作《曾我物语》，该书中还记载了源赖朝与北条政子结婚，源赖朝成为北条时政（政子之父）女婿的故事。

众所周知，赖朝与政子结婚时是个被流放的罪人。平治之乱中，赖朝的父亲义朝兵败平清盛，赖朝也被视为反贼沦为阶下囚。平清盛本要将赖朝斩首，但在池禅尼（清盛继母）的求情之下，赖朝得获减刑被流放至伊豆。

流人赖朝在伊豆没有任何根基，他不可能将政子迎娶进家门，也不具备那样的经济实力，所以必然是时政招赖朝为婿，采取赘入婚的形式。

据《曾我物语》记载，时政对赖朝和政子的婚姻非常满意。但《吾妻镜》中却记载，由于时政强烈反对二人的婚姻，赖朝和政子便选择了私奔，最后时政不得已才同意了这桩婚事。赖朝和政子结婚时，正值平家的鼎盛时期，所以《吾妻镜》的记载或许更接近史实。

据说，赖朝的先祖源赖义成为平直方女婿也是事出有因。《词林采叶抄》中记载，赖义从京都前往镰仓任相模守护时，成了以镰仓为据点的武士直方的女婿。直方很有可能为赖义夫妇提供了住处。

像这样的赘入婚，基本限定于在某地毫无根基的男性，比如前往地方就职的贵族、被流放的罪人等。而中世武士的婚姻形态可以说基本上采取的仍是嫁入婚。

源赖经的嫁入婚

接下来，让我们再来看几个《吾妻镜》中有关镰仓时代武士嫁入婚的具体实例。

首先是北条义时与比企朝宗之女的婚姻。北条义时乃北条时政之子。他后来成了镰仓幕府第二代执权[①]，作为承久之

[①] 执权是日本镰仓幕府时期的官职名称，意指"掌握幕府权力，帮助将军处理政治"。原本是朝廷对天皇身边处理事务者的称呼，后来转为征夷大将军的政务佐理。

乱时幕府的实际掌权者被后世所熟知。《吾妻镜》中有关义时结婚的记载如下："幕府官女［号姬前］今夜始渡于江间殿御亭。"幕府官女指侍奉源赖朝的女官，江间殿则指北条义时。新妇姬前去往丈夫北条义时的居所，所以这桩婚姻应该是嫁入婚。

《吾妻镜》中详细记载了二人的婚姻经过。姬前是武将比企朝宗之女，口碑极佳，据说她是赖朝非常中意的女官。当然，这与她美貌过人也不无关联。

在初见姬前之后的一两年，北条义时完全被这位绝世佳人迷得神魂颠倒，对她一往情深，一次又一次给她送去书信，但无一例外都吃了闭门羹。

当时，义时是赖朝的亲随。赖朝不忍见义时屡次不受待见，便出手帮了他。赖朝命令姬前在收到义时保证"绝不离婚"的誓约书后，就与之结婚。最终，建久三年（1192）九月二人成婚。由于《吾妻镜》中有"定娶妻之仪"的表述，所以这段婚姻被认定是嫁入婚。

姬前与义时婚后育有朝时、重时两个儿子。然而，建仁三年（1203）爆发了比企能员之乱，比企一族被北条氏所灭。之后，姬前被义时休掉，并在京都再婚。虽然义时没有兑现"绝不离婚"的承诺，但姬前恐怕也不想再生活在娘家仇人的身边了吧。

接下来让我们再看看源义经与河越重赖之女的婚姻。众所周知，义经受赖朝之命进京，在一之谷之战中击溃了平氏，义经因此战功被册封为检非违使①。一个月后，河越重赖之女从镰仓前往义经在京都的居所，与他成婚。重赖的家臣们亦随行前往。因为是女方前往男方家，所以这也属于嫁入婚。

此外，这桩婚事也多亏了赖朝的斡旋。虽然河越重赖以现今埼玉县川越市为根据地，是一名相当有权势的武士，但新妇的母亲一方比父亲更重要。新妇的外祖母是赖朝的乳母比企尼。比企尼一直支持着流人时期的赖朝，倍受赖朝信赖。而且新妇的母亲还是赖朝长子赖家的乳母。

一般认为，赖朝对于义经未先征询自己的同意而擅受（朝廷）册封的行为大为光火，双方关系由此不和。但是，单从这桩婚事来看，很难认为赖朝要疏远义经。因为赖朝让义经与比企尼的外孙女结婚，反而加强了与义经的关系。更

---

① 检非违使是日本古代的一种官职，与中国封建社会的御史大夫、廷尉有相似之处。其职责顾名思义，是取"对非违（非法、违法）予以检察"之意，权力最盛的时候大体包括对平安京地区的治安维护、缉拿审判及解决包括平民、贵族的民事问题等。

进一步说，也不难看出赖朝有意让义经做儿子赖家保护伞的意图。

最后再举一个嫁入婚的例子。新田义重之女是源义平（赖朝的异母兄）的后妻（续弦），义平在平治之乱中失利被斩首后，她成了遗孀。因其貌美，赖朝通过亲信伏见广纲向其求爱，却遭到了拒绝。

赖朝没有就此放弃，并向义重表达了自己愿求娶其女的心意。赖朝乃义重的主君，按说义重应该对此表示"乐意至极"。但是，义重担心如果将女儿嫁给了赖朝，不知道赖朝之妻北条政子会有何举动。于是，他便急忙给女儿许了人家。他认为，只要女儿成了他人之妻，就算赖朝多么有权有势，也无话可说了。据说，在这之后赖朝曾对义重怒不可遏道："为何将女儿随意嫁与他人？"《吾妻镜》中对此记载，"使女嫁于帅六郎"，所以这大概也属于嫁入婚。话虽如此，夹在赖朝、政子夫妻中间受夹板气的新田义重也着实可怜。

北条政子与"后妻打"

如前所述，尽管镰仓时代已经确立了将一人定为正妻的"一夫一妻制"，但如大家所熟知的那般，身份地位高的男性拥有诸多妾室。

然而，源赖朝作为最有权势的武士，姬室却极少。据说其中有一部分原因在于其妻北条政子极为善妒。

在赖朝居所侍奉的女官之中，有一名叫作大进局的女子。赖朝瞒着政子，与她发生了关系。文治二年（1186）二月大进局诞下了一名男婴。得知此事的政子震怒不已。结果，原本庆祝生产顺利的仪式全部被取消了。

政子的怒气之后也未曾消减半分。建久二年（1191）一月，赖朝命大进局前往京都，实际上是把她赶出了镰仓，而分给她伊势国的领地，则可以算作分手费。次年，大进局诞下的那名男孩进京在仁和寺出了家。他就是后来的贞晓。从《吾妻镜》中"御台所甚善妒"等记载来看，这一系列的处置显而易见均是政子的意思。

赖朝倾心于其他女子，令政子心生强烈嫉妒的事例可不止这一件，在这之前也有过。

寿永元年（1182）八月，政子诞下一名男婴（后来的赖家）。然而在政子怀孕、生产期间，赖朝却将爱妾龟之前秘密藏在伏见广纲的宅邸中，常常与之私会。十一月，北条时政的后妻（政子的继母）牧之方将此事告知了政子，政子一气之下命牧之方的父亲牧宗亲把广纲的宅邸砸了个稀巴烂。广纲和龟之前二人狼狈不堪地逃进了大多和义久府中。

赖朝得知此事后前往义久的宅邸，并召见了牧宗亲和伏见广纲。他让广纲汇报了事情的来龙去脉后，又让宗亲为自己辩解。但宗亲百口莫辩，勃然大怒的赖朝斥责宗亲道："尊重政子是没错。但像这次的事，你难道不应该表面遵从政子的命令，背后悄悄地告知我吗？怎可立马便去毁了广纲的宅邸？"除了苛责外，据说赖朝还亲自割掉了宗亲的发髻。

"髻"是指将头发聚拢到头顶扎起的部分，用于固定冠和乌帽子（黑色囊状覆盖物）。在那个时代，成年男性在人前露出头顶被视作耻辱，戴帽子是当时的一种习俗。梳髻既是成年男性的标志，同时也是一种礼仪。被割掉"髻"，在现代来说是等同于裸露下身般的耻辱。据说宗亲被割掉发髻后哭着回去了。

赖朝的执意行为激怒了北条时政，他一气之下率全族迁回了伊豆。后来，由于政子的怒气迟迟难平，赖朝只好把广纲流放到了远江。

政子的行为与"后妻打"类似。所谓后妻打，是指前妻伙同闺蜜闯进后妻家中毁坏家财等强取豪夺的行为。在古语中，与"前妻"相对，"后妻"意指继娶的妻子，也多指第二夫人、妾。

在藤原道长的日记《御堂关白记》以及《宝物集》等作品中都有关于"后妻打"的记述，因此可以确定这一行为从平安时代就已存在。

到了江户时代，后妻打的方式似乎被规范化了。《昔昔物语》中解说了武家、町方的做法。

据记载，丈夫与妻子离婚后一个月以内便迎娶后妻时，便有可能出现后妻打。首先，前妻方遣使者前往后妻家中，告知其何时实施、使用何种器具等事项，后妻方也会召集其女性朋友，准备好工具应战。

据说打斗中一般不会使用刀具，而是用木刀、木棒、竹刀等相互攻击。但是，由于木刀和木棒也会造成重伤，所以好像也用得很少。大多是前妻方从后妻家的厨房闯入，砸烂锅碗瓢盆、弄破纸拉门等。这时，中间人会见机行事进行调解。政子的一系列行为也普遍被认为是遵循了后妻打的惯例。

话虽如此，北条政子的愤怒在当时看来还是显得有些异常。当时的贵族男子均拥有诸多侧室、妾室，北条政子应该也早已司空见惯，似乎没有必要揪住不放。

对此，现今普遍认为，政子的地位不稳也是原因之一。两人结婚时，赖朝仅是一介流人。但后来赖朝成为武家的栋梁，而政子只不过是伊豆中等规模豪族北条氏的女儿，在身份上与赖朝并不相称，因此，政子完全有可能被从正妻的位置上拉下来。或许正是出于这种焦虑，才驱使政子采取了过激的行动吧。

中世百姓的"家"与结婚

上面我们讲述的都是贵族和武士的情况,那么,百姓的情况又是怎样的呢?

由于缺少有关中世百姓的"家"的史料记载,所以这方面的研究迟迟没有进展。坂田聪是第一个专门从事这方面研究的专家,他认为,男系中由嫡系继承、长久存续的百姓"家"的成立,要比贵族和武士阶层晚得多,可以追溯到15至16世纪。

坂田的主要依据有两点。第一点,夫妻别财。中世前期百姓的财产所有形态是夫妻别财,也就是说夫妻各自的财产归各自所有。如果离婚,妻子的财产仍旧回到自己手中,不会被丈夫占有。据坂田分析,夫妻俩并不构成一个"家",因为他们的财产是分开的。

第二点,夫妻别姓。中世前期的百姓,夫妇二人姓不同,结婚后女性也不会改姓,也就是说婚后,丈夫和妻子仍然从属于不同的氏,家中没有代代相传的固定家名。所以坂田认为夫妇俩没有构成一个"家"。

简言之,坂田认为夫妻间财产不共有,姓也不同,所以中世前期百姓的"家"还未成立。

最近，高桥秀树批判了坂田的这一观点。关于第一点，虽说中世前期的百姓是夫妻别财，但从《实隆公记》等古记录来看，即便在战国时代贵族的"家"中，妻子也拥有自己的财产。

路易斯·弗洛伊斯的证言也值得注意。其著作《日欧文化比较》一书对日本文化和欧洲文化进行了比较。书中写道："在欧洲，夫妻间财产共有。而在日本，每个人都拥有自己的财产。有时妻子会以高额利息借钱给丈夫。"（第2章第30条）虽说夫妻俩各自拥有自己的财产，也不能说"家"未成立。

笔者之前提及过中世"家"成立的判断标准，但高桥却认为中世的"家"中最重要的不是土地和财产，而是家业和社会地位的继承。如前所述，家业指该家族专门从事的产业或职业。

无论是贵族、武士，还是商贾，子子孙孙一直从事相同的职业即为继承家业。进一步说，即社会地位一代代地传承下去。如在摄关家，就是摄政、关白的地位以由父传子的形式传承下去。高桥主张，在中世的"家"中像这般继承家业和社会地位才是最重要的，夫妻间是否共有不动产或动产并不算什么大问题。

关于第二点的夫妻别姓，高桥也反对坂田的观点。高桥认为夫妻别姓这一表达不恰当，应该说"夫妻同姓别氏"。在现代氏与姓被认为是相同的，但在中世，这两者截然不同。

在封建社会，即便是贵族或武士阶层的夫妇也使用不同的氏。所谓氏，是指源、平、藤、橘等氏族。氏生来便有，这一点毋庸置疑，但姓实际上指的是现居住地。因此，伴随着结婚、移居等情况，姓也在不断地变化着。

举个例子吧。从祖父处继承伊豆国河津庄后改名为河津次郎的祐亲，即河津次郎祐亲，在将根据地转移至伊东庄后，又改称为伊东次郎。之后祐亲将河津庄传给了嫡长子祐泰，这个祐泰便是有名的曾我兄弟的父亲。祐泰以河津庄为据点，因此便改姓为河津，称为河津三郎。

也就是说，父亲叫伊东次郎祐亲，儿子叫河津三郎祐泰，父子俩的姓不同。因为是父子，所以氏当然是一样的，但是姓并不一定一样。相反，夫妻虽然氏不同，但因为生活在同一个地方，反而拥有相同的姓。北条时政的另一个女儿嫁给了稻毛重成后，一直被称呼为"稻毛夫人"。

直到《明治民法》正式实施以后，日本的夫妻才开始有义务使用同一个姓作为家名。所以高桥认为尽管姓没有代代相传，但并不能表示"家"没有成立。笔者也认同这一见解。

关于中世前期的百姓是以怎样的形式结婚的这一问题，

由于史料的欠缺，基本无法明确。到了中世后期，各个村落都制定了村规，并流传至今。在村规中可以看到，与外村男性结婚的女性会被从村子祭神仪式的成员名单中删除。

为什么要除名呢？这或许是因为与外村男性结婚的女性会离开村子，所以才被排除在外吧。由于婚后女方去往男方家，所以据此可以认为最晚到中世后期，村落中已经开始采取嫁入婚。

中世女性的离婚

到此为止，我们探讨的均是结婚的话题，接下来聊聊离婚。一般认为，中世的女性可以自由离婚。

路易斯·弗洛伊斯在其著作《日欧文化比较》的第二章中将日本女性和欧洲女性进行了比较。

首先，书中记载："在欧洲，与妻子离婚不仅是一种罪恶，也是最不光彩的事情。但在日本，随心所欲地与多少人离婚都可以，妻子不会因此名誉扫地，也仍然可以再婚。"（第31条）；"（在欧洲）顺应肮脏的天性，一般都是丈夫休弃妻子。而在日本，则经常是妻子抛弃丈夫。"（第32条）

基督教对离婚基本上持否定态度，因此在欧洲无法轻易离婚，但在日本并非如此。路易斯·弗洛伊斯对日本的离婚自由感到十分惊讶。

另外书中还讲道："在欧洲，有时也会堕胎，但很少。而在日本，堕胎是极为普通的事情，甚至有堕胎二十次的女性。"（第38条）；"在欧洲，很少有婴儿出生后被杀死，或者说几乎没有，而日本的女性一旦认为自己养不活婴儿，大家就会抬脚狠踩婴儿喉咙，直至窒息而死。"（第39条）

由于路易斯·弗洛伊斯写作时总有增添故事趣味性、夸大其词的倾向，所以这方面的描述到底有多少可信度也是一个问题。但比起属于基督教社会的欧洲，日本人对堕胎的抵触感更低，这确实是事实。

能随意地堕胎意味着女性可以轻易地发生性关系。实际上，弗洛伊斯在书中也写道："在欧洲，未婚女性最大的光荣以及最为宝贵的是贞操，是自己的清白未受到侵犯。日本女性一点也不重视处女的清白。即便不是处女，只要未失去名誉，也可以结婚。"（第1条）

此外，书中还有这样的记载："在欧洲，修女的隐居和隔离非常严肃且严格，但在日本，比丘尼寺院几乎成了烟花柳巷。"（第43条）看到这里，笔者觉得弗洛伊斯写作时似乎一直带着对佛教的偏见。不过正如网野善彦指出的那般，书中也有赞扬日本女性的部分，所以不能把一切都归咎于弗洛伊斯的歧视意识。

日本方面的史料似乎也印证了中世女性在两性关系上的自由。观察中世的绘卷，经常能看到像是独自旅行的女性。如《一遍圣绘》卷六第一段中参拜三岛神社的场景，画中用头巾等遮住面部的人基本都是女性。

图1《一遍圣绘》卷六第一段
出处：日本国立国会图书馆
（https://dl.ndl.go.jp/info:ndljp/pid/2591578）

另外，从参笼（闭关）的形式也可以看出端倪。如《石山寺缘起绘卷》中，画有一位女性闭关于寺院之中，向神佛祈祷。

闭关参佛的参拜者基本都会寄宿于寺庙的堂舍之中，一

位女性单独去寺庙，在也有陌生男性留宿的寺庙里过夜。以现代的思维来看，会觉得这也太大意了。如果考虑到这种情况，那么我们就可以大胆猜测，独行的女性有可能与萍水相逢的男性发生过关系。

在这一点上，御伽草子的《懒太郎》也颇有意思。懒太郎是个不干活只知道睡大觉的懒汉。京城里征调徭役，村里人都不愿前往，遂劝懒太郎借此机会进京寻找妻室。尽管进京后的懒太郎一改既往，变得特别能干，但却怎么也找不到媳妇，于是就有了"辻捕"的念头。

"辻捕"是什么呢？《懒太郎》中这样记载："无男在侧，未乘轿辇牛车之美人，得吾青睐者可遂抢之，谓辻捕。此乃天下皆许之事也。"简单说，身边无男性陪伴且没有乘坐轿子和牛车的美女，只要自己喜欢就可以直接将人抢走，这就是"辻捕"。而且据说这种行为也是被社会所允许的。

实际上，懒太郎之后确实搭讪了一位路过清水寺门前的美女，上前直接表白道"嫁给我吧"。《懒太郎》的故事暗示了在中世，男性可以随意向女性搭讪，而女性也有顺势接受的自由。

男女离婚、再婚的不平等

网野善彦引用上述《懒太郎》的故事为例总结道："尽管中世的法令严禁在大街上强掳女性，但从另一方面来说，这一行为同时也为天下所认可，即强抢未乘轿辇独自旅行女性的行为得到了社会的默许。"当然正如他随后所提到的，"辻捕"中包含着暴力绑架和强奸行为，但他认为其中也有如《懒太郎》中那样的搭讪行为，也有自愿接受的女性。

简而言之，网野认为中世的女性可以自由恋爱、自由与男性发生关系，因此自然也能自由地离婚和再婚。不过，网野还指出南北朝以后女性的自由就逐渐消失了。

高桥秀树对网野善彦的说法进行了批判。镰仓幕府制定的武士基本法典中有一部名为《御成败式目》，其中第34条的前半部分规定了对与他人妻子私通的御家人（为镰仓幕府服务的武士）的处罚，后半部分规定了对强抢女性的武士的处罚。仅从前半部分便可知，中世社会已存在禁止和他人妻子私通的伦理观。

此外，自平安时代开始，就有不少丈夫杀死妻子外遇对象的案例。单身女性的话另当别论，已婚女性自由和其他男性保持性关系的情况，正如高桥所指出的那样，在中世是难以想象的。

此外,《御成败式目》第 21 条也值得关注,它对从丈夫那里分得财产的正妻、妾室被休后,该如何处理这部分财产的问题做出了相应规定:如果妻妾是过错方,妻妾必须归还前夫所给予的财产;但如果是前夫为迎娶新人而抛弃旧人,则前夫无法收回已送出的财产。

反过来说,只要肯放弃财产,丈夫一方就能被允许和毫无过错的妻子离婚。即便妻子没有私通行为或存在无法生育等所谓的缺点,仅仅是因为丈夫想换一个年轻一点的妻子,他就可以离婚。

那么,女性究竟能否自由地离婚呢?这一点值得怀疑。因为文献中有丈夫"抛弃""驱逐"妻子的表述,却鲜少见有反过来的说法。妻子一方是否真如弗洛伊斯所言的那般可以提出离婚,还需要进一步求证。

而且,《御成败式目》第 24 条为了阻止遗孀再婚,还规定获得亡夫财产的遗孀如果再婚,必须将所获财产交给亡夫的儿子。

从某种意义上来说,该条文的主要目的是为了维护御家人的财产。因为如果御家人的遗孀与其他氏族男性再婚,其财产就会外流到另一氏族。避免财产外流就是该立法的目的。

另一方面,该条文中还记载有"须抛却他事,祷夫之来

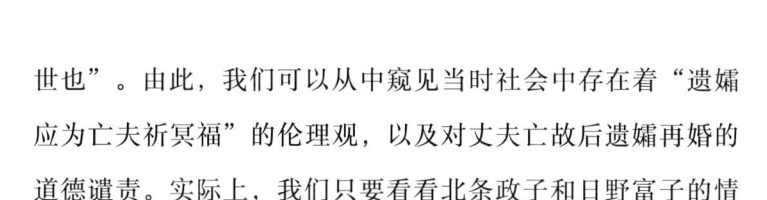

世也"。由此，我们可以从中窥见当时社会中存在着"遗孀应为亡夫祈冥福"的伦理观，以及对丈夫亡故后遗孀再婚的道德谴责。实际上，我们只要看看北条政子和日野富子的情况就能明白，女性失去丈夫变成遗孀后，出家才是惯例。

这与中世的"家"由男性继承有关。由于中世的"家"以男性为中心，已婚女性除了依附于夫家外别无选择。

"中世时女性地位低下"的这一传统认识，可以追溯至日本女性史研究鼻祖高群逸枝。南北朝时期尤其被视为女性地位变化的分水岭，因为这一时期日本社会从母系制过渡到了父系家长制，所以连带着女性地位也迅速下降。网野善彦也深受该观点的影响。

对于网野的南北朝分水岭观点，永原庆二表示反对，最近又多了一位后藤美智子。永原主张，应该对在南北朝以后的经济发展中，活跃于农业、商业、手工业等领域的女性给予更高的评价。

关于上述争论，笔者将在后文中叙述。但无论如何，只要中世的"家"是建立在男系继承的基础上，男性的优势地位就不可动摇。因此，很难认为男女在离婚和再婚方面处于平等地位。女性史研究方面存在着将古代、中世理想化的倾向，认为"以前的女性是自由的"。因此有必要对此辩证地加以看待。

中世的"妻敌打"

上文中提到在平安时代就出现过丈夫杀害妻子私通对象的事例。此种情况下丈夫自然会被指控犯了杀人罪。《御成败式目》中也有规定：武士与人妻私通，有领地者没收一半，无领地者处流放远方之刑罚。换言之，奸夫并不会有性命之忧。

不过在当时，丈夫杀害奸夫的行为被称为"妻敌打"。这种行为被社会所认可。战国时代来日本的传教士也提及过这种野蛮风俗。

这种趋势在武家社会尤为明显。在中世的"家"中，妻子受丈夫控制支配，即使是现在，男性也会因妻子与人私通而感到颜面受损，对于中世武士来说更是如此。在丈夫看来，另一个男人与妻子发生不正当关系是对自己权利、财产的侵犯，武士对此如不做出反击，就无法捍卫自己的地位。

战国时代，战国大名纷纷制定法律来统治自己的领地，这些法律被称为"分国法"，其中随处可见允许"妻敌打"的规定（如《尘芥集》《六角氏式目》《长宗我部氏掟书》等）。在此简略介绍一下胜俣镇夫对此的研究。据他发现，当时社会尽管说允许杀死奸夫，但也并非可以肆意妄为，必须满足以下两个条件：第一，丈夫必须同时杀死奸夫和有外遇的妻子；第二，必须在私通现场杀死奸夫。

之所以附带这些条件，主要是为了防止出现捏造性谋杀。假设某个武士想杀掉自己看不顺眼的男性，但因为无缘无故杀人会被追究杀人罪，于是便捏造妻子与其"通奸"的罪名将对方杀害。换言之，为了能杀死看不顺眼的男性且不被问罪，可能会有人谎称自己杀人是因为其与自己的妻子私通。

为了避免这种情况的发生，所以法律规定不仅要杀死奸夫，连同自己的妻子也要杀掉。因为倘若私通罪名为假，丈夫应该下不去手杀掉无辜的妻子。

另外，目击到私通现场也可以证明没有故意捏造。如果回家发现妻子正和其他男性在卧室赤裸相拥，那这二人就是现行犯，任谁看都是在偷情。在诸如《今昔物语集》《沙石集》等说话集①中，常有丈夫怀疑妻子与人私通，为取得铁证对妻子撒谎说自己要离家一段时间的故事。

话虽如此，如果丈夫突然出现在私通现场，奸夫自然会想方设法逃跑，想要在卧室杀死奸夫实属困难。事实上，在

---

① 收入许多传说故事的作品集。镰仓时代最为盛行，编有许多集子。日本第一部说话集为奈良时代的《日本灵异记》。

部分案例中奸夫常死于户外，这样一来，"妻敌打"的合法性就站不稳脚了，因为这很有可能被视为单纯的谋杀。

丈夫能杀死与妻子在自家私通的奸夫，还和他握有当家做主的权力有关。在中世，一家之主有权杀死非法入侵自己家中的外人。（《尘芥集》《今川假名目录》等）路易斯·弗洛伊斯在《日欧文化比较》中也写道："在我们那里，只有那些有杀人权或司法权的人才可以杀人。而在日本，任何人都可以在自己家中杀人。"（第14章第5条）

妻子与奸夫在自家私通，奸夫属于非法入侵者，所以丈夫可以将他杀死，但是如果妻子在奸夫家中与之私通，则很难对奸夫加以制裁，因为丈夫一旦踏入奸夫家，自己便成了非法入侵者。

弗洛伊斯在该书中还写道："在欧洲，如果已婚或未婚女性因为一些偶发事件而寄身于某位绅士的家里，她可以接受这位绅士的善意和帮助，安心住下。而在日本，如果女性寄身在某位贵人家中，就会失去自由，成为贵人的笼中雀。"（第14章第58条）

在镰仓后期宫廷女官所著的日记文学《不问自语》中，可以看到这样一则故事：作者游历途中借住在备后国和知乡的武士和知氏家中，后来在搬到和知氏的兄长家时，和知氏因不满"多年来的下人被兄长抢走"，和兄长发生了口角。

尽管这有可能是文学上的夸张，但也能从中看出，中世武士认为即便是暂住在自己家中的人，也受自己使唤。

中世的财产继承

此前，笔者反复提及中世的"家"追求延续，那么如何分配家产给子孙后代也就成为了一个核心问题。中世史学界非常关注中世的财产继承问题，积累了大量的相关研究成果。笔者将基于前期研究，介绍一下学界普遍认同的观点。

中世的财产继承已从分割继承变为嫡子单独继承。中世前期（即院政、镰仓时代）一般都实行分割继承。虽然存在一定差异，但基本都能做到相对均等地分配给每个子女。

然而，为使中世的"家"得以延续，家产固定代代传于一人才应该是最佳选择。因此，中世的"家"其实更适合单独继承。

尽管如此，中世前期的主流继承方式仍然是分割继承，原因在于父母很难剥夺没有过错的子女的继承权。

不过，分割继承的前提是财产要持续扩增，否则，反复分割继承只会导致人均财产越来越少。如果财产不能继续增长，分割继承也就起不了什么作用。

中世财产的核心是不动产，即领地。中世初期的院政时代，在院权的主导下进行了大开发，新的庄园相继建成，因此公家的领地不断增加。

但大开发时代一结束，耕地数量就不再增加了。到了镰仓时代，随着武士势力的扩张，公家的领地反倒逐渐减少。

在武士阶层，领地的扩张达也到了极限。镰仓中期以后，战事平息，天下太平。没有战争，武士也就无法通过荣立战功获封新的领地。

领地已不再增加，这时仍反复分割继承的话，只会导致领地不断被细分。这样一来，子女们即使分得了领地也无法维持生活。人们各自耕种巴掌大点的土地，效率十分低下，到头来公家武家两败俱伤。

而且，随着世代的不断更替，血缘关系变得越来越淡薄。即使一开始是兄弟姊妹，其下一代也变为堂亲、表亲，再下一代关系就更远了。嫡系和旁系之间的距离越来越远，动摇家族团结的弊端也随之出现。

因此到了镰仓后期，氏族们基本改为将大部分领地传给嫡子的继承形式。如果庶子或女儿分得了领地，其所有权只限于生前，在其去世后，不能将该领地传给自己的后代，仍须归还给嫡系本家。这种受让人无权处置的领地被称为"一期分"。

镰仓末期到南北朝期间，嫡子单独继承制逐步确立，分割给庶子的财产变得非常有限。另外，也不允许女儿参与财产分配。结果，庶子和女儿沦落到了靠嫡长子给予的"扶持"①度日的境地，成为嫡长子的附庸。

针对这一普遍认可的观点，永原庆二批判该理解过于流于表面，并认为即使到了中世后期，女儿的财产继承权也没有被完全否定。田端泰子也指出，在室町、战国时代，有的"家"也会划定"女儿分"（分给女儿的财产）。

后藤美智子主张，即使同样是给予"扶持"，庶子和女儿之间也存在待遇差异。宝德三年（1451），毛利熙元基本上将所有的财产都传给了嫡长子丰元。他一方面命令嫡长子丰元要给予庶子"扶持"，另一方面自己给予女儿一期分。这是因为身为男性的兄弟可以辅佐新家督，但女儿并不具备这样的政治作用，所以才会由父亲给予"扶持"。

战国时代，武家的女儿出嫁时，会得到一笔名为"化妆费"的财产。它类似于现在的嫁妆，是基于父母对女儿的疼

---

① 日本封建时代武家的主君给予家臣的一种俸禄，镰仓时代和室町时代发放的主要是土地和百姓；到了战国时代，以米作为"扶持"的现象越来越常见；而到了江户时代，"扶持米"逐渐制度化，幕府给下级武士按旧5合（约0.9升）的分量分发1年的米称为"一人扶持"。

爱，希望女儿能在婆家脸上有光。不过，这也是一期分。女方去世后，所有权即终结，不能传给孩子，除非是特殊契约，否则在女方去世后，这笔财产必须归还给女方本家。这是为了避免财产流入外族、外氏的一种措施。

在此顺便提一下德川家康的孙女千姬。她最先嫁的是丰臣秀赖，在秀赖自戕于大坂夏之阵后，改嫁于桑名藩藩主本多忠政的嫡子本多忠刻。据说，再婚时，身为幕府将军的德川秀忠送给了女儿千姬10万石嫁妆。可想而知，千姬在忠刻面前肯定相当有底气吧。

中世武士的兄弟关系

看过中世武士"家"中女儿的地位之后，接下来看一下兄弟间的关系。关于此话题，既往的研究主要是从继承的角度来考察，但近年来也出现了其他角度的探讨研究。

目前可以确定的是在镰仓时代的武士中，兄弟之间实行分工合作。镰仓幕府建立后，服务于幕府的御家人要经常前往镰仓。例如居住在现今群马县、栃木县、山梨县的御家人，就必须经常到镰仓去处理幕府的事务。

由于每次去镰仓都要寻找居所，实在过于麻烦，于是一些有实力的武士便在镰仓建立了据点。镰仓幕府在京都设立六波罗探题（镰仓幕府为监视朝廷而设立的派出机构）后，御家人也同样在京都建立了据点。换言之，一共在三处建立了据点：领土地、镰仓、京都。这样一来就导致一个人很难管理所有的据点，于是就形成了兄弟分工，由父亲、兄长、弟弟共同分担三地的事务。

田中大喜指出，这种分工合作一直持续到了南北朝时期。他提出了"兄弟惣领"的概念。"惣领"是一族的统帅，一般由嫡长子继任。惣领在一族的领地支配、公事①负担（幕府所要求的人力、物力服务）等方面起领导作用，如发生交战，需率领庶子上阵参战。惣领通常只有一人，但田中称在南北朝时期，有很多兄弟二人共同担任惣领的例子。

南北朝时代是一个南朝和北朝争夺正统地位的时代。在学术界，这一时期的战乱被称为"南北朝内乱"。顾名思义，当时日本各地都发生了战乱。各式土家族一方面在京都附近参与交战，一方面自己的根据地也发生着战斗。这种状况频繁发生。

为了应对这种内乱局面，御家人往往采取惣领在京都附

---

① 日本中世时期，对年贡以外的杂税、赋税的总称。

近活动，其弟在领地统率留守的庶子与家臣的模式。尽管惣领的弟弟，即庶子的人数众多，但只有一人可代行惣领之权。

如上所述，这位"特殊舍弟"的地位位于其他庶子之上。因此，事实上会有两个惣领。南北朝时期这种惣领和"特殊舍弟"共有惣领权、统率庶子们的特殊结构，被田中命名为"兄弟惣领"。

与这种"兄弟惣领"的结构相对应，在南北朝时期产生了一种特殊的继承形态：兄弟二人平分领地的兄弟均分继承制。如前所述，既往的研究认为武士的继承法从分割继承转为嫡子单独继承。基于这种共识，田中认为兄弟惣领的均分继承制是分割继承向嫡子单独继承过渡的过程。

换言之，田中认为中世的财产继承形态经历了从分割继承（多人继承）到兄弟均分继承（二人继承），再到嫡子单独继承（一人继承）的过程。但是，对于该过程是单向的、不可逆的这一普遍认知，笔者表示质疑。

正如拙作《日本中世战争史》一书中所阐明的那样，即便在镰仓后期已经变为嫡子单独继承的武士"家"中，到了南北朝时期又恢复到分割继承的事例也不在少数。

笔者认为，兄弟惣领是应对南北朝战争年代的一种非常特殊的手段。正因为当时日本列岛各地战乱频发，加之惣领战死概率太大，所以才需要代行惣领或者作为替补的"特殊舍弟"。待战乱平息后，也就没有理由继续维持兄弟惣领的结构了。在笔者看来，兄弟均分继承这种继承形态只是为了度过"非常时期"而采取的一种危机管理对策罢了。

最后，再简单地介绍一下百姓的财产继承。根据坂田聪的研究，中世前期和中世后期的百姓中实行的都是分割继承制，但是在中世前期，财产继承的划分会相对平均，而到了中世后期，则变为财产尽可能地集中在嫡子手中。也就是说，百姓的财产继承在经历了不均等的分割继承后，才逐渐倾向于嫡子单独继承。尽管如此，到了战国时代，分割继承的惯例也依然存在。因为即使嫡子继承了财产的主要部分，他们也不会分家，而是各自建立世代相传的家产，从而形成一种固定的主家和分家的关系。

中世的教育

日欧教育差异

教育存在于每个时代，但时代不同，学习内容、教授内容自然也千差万别。通过了解教育的内容，即当时人们在学习什么，能对当时的价值观和习俗探知一二。从这个意义上讲，了解中世教育不仅对教育史研究者至关重要，对所有想了解中世社会的人也很有必要。

让我们先来看一看本书中已为大家所熟知的路易斯·弗洛伊斯的《日欧文化比较》，在这本书中也有一些与教育相关的内容。

比如，书中写道："我们这里还没有普及女性学习书写。

而日本贵族女性则认为，不懂书写会降低自身的价值。"（第2章第45条）。据弗洛伊斯所说，欧洲女性基本都不怎么会写字，但在日本，身份地位高的女性都会写字。

不过，日本中世的女性书写的是假名文字。现存的中世女性的书札也有不少，但基本上都是用平假名书写的。或许她们也识记汉字，但基本不用汉字，或者说没有什么书写汉字的机会。此外，男性给女性写信时，一般也要使用平假名。

书中还写道："我们常用鞭子来惩戒孩子。但在日本，这种事情极少发生。他们仅仅进行口头训斥。"（第3章第7条）这段话在我们现代人听起来不觉得刺耳吗？中世的日本不实行体罚，而是用言语训斥，如今学校和社团活动中的体罚问题却日甚一日，从这点上来说，不禁让人感叹以前的做法更值得尊崇。

接下来的这段话极为重要："我们跟随传统意义上的教师学习读写。而在日本，孩子们都在寺院里跟随僧人学习。"（第3章第8条）据弗洛伊斯所述，武士和百姓都在寺院里学习。众所周知，江户时代开设寺子屋①后，平民百姓才开始

---

① 江户时代开设的初等教育机构，由武士、僧侣、医生和神职人员等任教师，教授写、读、珠算等。

在此处学习。而实际上早在中世就有了颇具寺子屋雏形的教育体系，供孩子们跟随僧人学习读写。

中世的孩子是如何学习的呢？路易斯·弗洛伊斯表示："我们的孩子是先学读再学写，而日本的孩子是先学写后学读。"（第3章第9条）路易斯强调日欧间的差异，并特别运用了对比叙述法，因此很难判定其可信程度。假设他所言非虚，那么暂且可以认为当时日本的教育更重视书写，也就是习字。

在教育内容的差异方面，值得我们注意的是文中有这样一段记述："我们的教师教授孩子教义、高贵得体的礼仪。日本僧人们除教孩子们弹奏、唱歌、做游戏、击剑等外，还会和他们进行禁忌行为。"（第3章第10条）那么，这个"禁忌行为"是指什么呢？

现代日本的僧人可以娶妻，这在全世界极为罕见。过去，日本的僧人其实也是不允许结婚的。

僧人必须严格遵守戒律。戒律中最重要的是"五戒"，即一不杀生，二不偷盗，三不邪淫，四不妄语，五不饮酒。所谓"不邪淫"，就是禁止与异性发生性关系。男性僧人禁止与女性发生性关系（这种行为被称作"女犯"），违者将受到严厉惩罚。

然而，在中世这一戒律逐渐形同虚设。中世的僧人不仅与女性发生性关系,甚至以孩童为对象的事例也不断出现。

但是,笔者认为弗洛伊斯的这一记述的可信度多少有待商榷。

路易斯·弗洛伊斯是基督教传教士,佛教算其商业劲敌,所以他难免会对僧侣抱有偏见。基于这一点我们有必要客观地看待弗洛伊斯的记述。

武家的道德教育

接下来让我们细致了解一下中世的教育内容。首先,来看看武家的教育。

武家重视的是道德教育,也就是教育子弟、家臣们在日常生活中遵守规范和规则。在战国时代,出现了很多劝诫子孙严于律己、谨言慎行的家训。如《伊势贞亲家训》《朝仓孝景诸条》《早云寺殿廿一条》《北条氏纲公御书置》等,不胜枚举。

但是,这些家训是否为本人所写仍是个疑问。例如,《早云寺殿廿一条》据传为著名的北条早云(伊势宗瑞)所作,但也有人对此持怀疑态度。换言之,有可能是他人冒用北条早云之名为后人作了此家训。

不过,由于《早云寺殿廿一条》与伊势氏(见本书

P178)的故实①书在内容上有很多相似之处，所以一般认为即使不是早云，也是北条氏相关人士所作（但是近年来早云作的说法再次被重提）。

诸如此类的家训似乎被抄写了很多份，至今还留存着相当数量的抄本。虽说是家训，但它并非仅限于在某个家族内部流传，而是在武家社会中被广泛使用。家训的内容大多为武家在奉公②中的极普通的心得体会，其中没有记载任何机密信息，所以不必担心信息会外漏。

在进入战国时代之前，即中世前期的家训都有哪些呢？其中最负盛名的要数《极乐寺殿御消息》。在连任镰仓幕府执权③一职的北条氏一族中，有一家叫作极乐寺北条氏，据传该家训就是这家中一位名叫北条重时的人所作的。

同样，关于该家训是否确为北条重时所作这点有待商榷，但可以肯定的是其所作时间至少不晚于南北朝时期。笔者阅读该家训时颇为震惊：家训之中有必要连这种小事都写

---

① 仪式、法制、礼法、服饰等旧的规定或习惯，后世特指武家社会的先规、先例。
② 封建时代，家臣为主君效劳称为"奉公"。
③ 镰仓幕府的政所长官，辅佐将军、统辖政务的最高官职。源实朝时北条时政首任此职，其后一直为北条家族世袭。

进去吗？

在此列举几例。第11条写道："勿于长押①表层钉竹钉，莫踏榻榻米之边沿。"文中阐明了不要踩踏榻榻米边缘等礼仪问题。

第6条是对不听父母言的子嗣的垂训。大概意思是：父母对孩子的训诫不允许出错。父母训诫孩子其实是为他们着想，而不是因为厌恶他们，然而，很少有孩子能理解父母的良苦用心。当子女的应该好好反省，想想父母面对不成器的孩子该有多么担忧，看到他们长大成材又是何等喜悦。谨遵父母的教诲，这就是孝道。可见无论哪个时代，父母为儿女着想的心情都别无二致。

第102条是特别低水平的训诫。大概是说乱掐念珠、单肩披衣、大口进食、牙签剔齿、远唾涎水、白昼打眠、吐舌作怪等行为，勿于父母、主公前为之。

家训中特意提出这些要求，说明确实有不少武士行为举止欠佳，足以见得在当时的武家社会中，还未形成必要的礼仪礼节。

---

① 日式建筑中，装于门楣上和门槛下等的侧面，连接两柱的水平构件。

然而，武士的道德观并没有随着时代的发展而有所提高。战国时代的《早云寺殿廿一条》也是相当基本的说教。其中第14条提到忌讳言谎语。

该条文的内容大致为：无论是对上对下还是对民，都绝不可欺瞒，要实事求是。人一旦开始说谎，就容易说谎成性，最终为他人所厌弃，落下"撒谎精"的恶名，成为一生的耻辱。

从文中长篇大论地谈及不可撒谎的事实，我们大概可以探知当时有不少武士出口成谎。

文武双全之谏

武士凭什么能成为武士？尽管笔者想说依仗的是刀，但中世时期却并非如此。在中世社会中，即使是上层农民也有武器，某些情况下还佩刀。

那么，武士与武装农民之间的区别究竟是什么呢？简单来说就是"弓马之道"。能骑马射箭之人才能被称为武士。如果只是挥大刀的话，农民也能做到，但骑马射箭是一项非常高难度的技能，必须从小开始训练才能够习得。

因此，中世时期的武家从小就教授孩子骑马与射箭，进而教授骑射。现如今，在鹤冈八幡宫的祭礼中举行的流镝马①，便是从骑射的练习方法中衍生而来的。

极端点说，只要会骑射就能胜任武士。不过到了镰仓时代，情况又有了变化。镰仓幕府成立之后，武士的地位随之水涨船高，在此之前，武士就如同负责保护公家和僧侣的保镖，只需武力强大即可。但是，随着武士政治地位的上升，他们亦需要具备政治能力及作为领袖的能力，仅会骑射是远远不够的，还必须要学习。

尤其是站在武士阶层顶峰的幕府将军，要做的不仅仅是学习箭术等武道。《吾妻镜》建长二年（1250）二月二十六日条中记载了当时的执权北条时赖劝谏将军藤原赖嗣一事。

赖嗣是摄家将军，也就是摄关家出身的将军。众所周知，在镰仓幕府时期，源实朝被刺杀，源氏历经赖朝、赖家、实朝三代将军之后，血脉就此断绝，于是北条政子等人将与赖朝沾亲带故的藤原摄关家的三寅迎入镰仓任幕府将军。这就是第四代将军藤原赖经，赖经的嫡子赖嗣成为第五代将军。建长二年时，赖嗣年仅 12 岁。

当时，时赖写信劝谏将军赖嗣要兼顾学问和武艺，最终

---

① 骑射比武，骑马边跑边依次用三支镝矢去射三个靶子。

确定由中原师连、世良田赖氏教授"和汉学问",安达义景等五人教授"弓马"。上述七人皆在将军的御所待命,待将军召唤便随时前去授课。

"和汉"之"和"指日本,"汉"指中国。"和"的学问,以和歌学习为主,"汉"则是学习汉诗词。

此外,还选拔了"学友"。因为只有将军一人学习不免有些乏味,于是便安排了一些一起学习的学友。学友皆选自侍奉于幕府的御家人子弟,且须善于学习或骑射。

幕府领导层认为,将军作为武士的最高首领,必须不断学习。在镰仓幕府于弘安七年(1284)制定的《新御式目》开头,有这样的表述:"其一,应潜心学问。其二,应不废武道。"强调"文武双全"的重要性。

不过,《新御式目》中并没有明确记载这是在向谁进言。关于其对象有两种说法,即将军惟康亲王或得宗北条贞时。得宗是指北条氏的嫡系家督。按传统观念来看,被要求做到文武双全的应该是惟康。但是当时惟康已有21岁,此时再让他学习未免为时过晚。而贞时年仅14岁,正是开始学习的最佳年纪。

弘安七年(1284)左右,将军已经名存实亡,北条氏实际掌控了镰仓幕府,将军只是个摆设而已,不必文武兼备。相较之下,让事实上的最高权力者得宗文武双全更为重要。

因此，认为进言对象为得宗的想法更合理。

目前在学术界，得宗说比较有力。但不管怎么说，当时确实存在着这样的观念，即镰仓幕府的最高领导人必须文武双全。

此后，文武双全的主张一直在武士的世界里广为流传。《早云寺殿廿一条》第21条也记载："文武弓马为常道，不必记也。文左武右，乃古有之法，须兼而备之。"文中主张，武士文武双全是天经地义的事，根本无须特意强调。

武家的帝王学

幕府将军等高级武士具体读些什么书呢？由于历史文献留存得不多，所以我们还是以镰仓幕府的第三代将军源实朝为例。

说起源实朝，总给人一种只会吟咏和歌的印象，但实际上除了和歌，他还学习了历史和政治。《吾妻镜》建历元年（1211）七月四日条中记载了实朝开始阅读《贞观政要》。虽说文中只称实朝开始阅读，但实际上自然是有老师教授。沿着《吾妻镜》后续记载，能看到实朝在十一月二十日将其读完了。

这本《贞观政要》分类编纂了唐朝第二位皇帝唐太宗与

朝臣之间的政治讨论以及他们的事迹，是当政者的施政参考书。该书由盛唐时期的历史编纂官吴兢所撰，于景龙三年（709）呈献给中宗，后经修订再进呈给玄宗。全书共十卷四十篇，是一部大部头的著作。

唐太宗在位期间（即贞观年间）政绩斐然，其统治被后世誉为"贞观之治"。为了学习贞观之治，实行善政，中国的官员们都很热衷于研读《贞观政要》。不只中国，自平安时代开始，日本的天皇和贵族们也在广泛阅读该书。日本不仅存有许多古抄本，还有元代戈直加注本。

不过，有趣的是武士出身的源实朝也读过这本书。这或许与太宗特殊的政治理念有关。太宗李世民并非唐朝开国皇帝高祖（李渊）的长子，他是在与兄长李建成展开皇位之争，最终将其杀死后才得以登基称帝的。另外太宗即位后，在军事领域取得了卓然的成绩，如贞观四年（630）一举消灭了北方蛮族东突厥。

大体上来说，古代中国是一个重文轻武的社会，但在军事才能上出类拔萃的唐太宗却非常重视文武结合，《贞观政要》之中也体现出了他重武的政治理念，所以该书对日本武士来说会比较容易接受吧。

那么，除了读《贞观政要》外，源实朝平时是怎样学习的呢？据《吾妻镜》建历三年（1213）二月二日条中记载，源实朝从随侍在侧、合己心意的亲信中挑选了一批优秀人才，在学问所值班。

由于该职务是轮班制，所以选中之人必须在值勤当日于学问所待命，若被召唤，便前往源实朝住所教学。

《吾妻镜》中有云："谈和汉古事之由"，此处也提到了要学习"和"与"汉"，即日本与中国两国的学问。

该书的后续内容里还记载了当选在学问所值班的人员名单。6人1组，共3组，由此看来，应该是以每月上中下旬的形式，实行三班倒吧。

每组6人，3组共计18人，这番设置应该也是在模仿唐太宗吧。据说，太宗设立的文学馆里便是召集了孔颖达等18位优秀学者（十八学士），源实朝大概就是效仿了这一做法，将人数也定为了18人。

让我们将时代向后推移，把目光投向南北朝时期应安七年（1374），看看镰仓公方①足利氏满的学习情况。足利氏满这个名字对大家来说或许稍显陌生，他是室町幕府第三代将军、建造金阁寺的足利义满的堂兄弟。氏满当时作为镰仓公

---

① 镰仓末期至室町、江户时代对将军的尊称。

方统治着关东地区，师从一位名叫义堂周信的禅僧。

当时，氏满年满 16 岁，虽说已经元服，但年纪尚轻，所以由义堂周信担任其家庭教师。据义堂日记的摘录本《空华日用工夫略集》记载，义堂曾向氏满谏言学习《孝经》《贞观政要》。

《孝经》是以孔子为其弟子阐述孝道的形式创作的一部儒家经典。尽管在是否真的是孔子本人说过的话上，目前仍有争议，但单从书的内容来看，确实是以将孔子之言记录下来的形式写的。义堂建议氏满请儒学家讲授《孝经》和《贞观政要》，可见《贞观政要》曾是高级武士的必读书。

另外，氏满还收藏有《吾妻镜》一书，所以极有可能也学习过该书。众所周知的是德川家康对《吾妻镜》这本书爱不释手，但如此看来的话，实际上早在南北朝时期，这本书就已经成了高级武士们的学习内容。

由上可知，中世时，武家的上层武士已经接受了相当高水平的教育，可以说是在学习帝王学。

普通武士的识字能力

那么，普通武士也受过高水平的教育吗？这至今仍旧是一个疑问。至少在镰仓时代和南北朝时期，普通武士的识字能力还很低下。

之所以如此说，是因为镰仓时代和南北朝时期留下了很多"让状"，通过对其进行分析，便可估计出他们的识字能力。所谓"让状"，是指父母向子女转让财产时拟定的文书，也就是我们现代所说的遗嘱。

比如一对父母不止有一个儿子的话，就必须要进行财产分配，在这种情况下，他们便要在生前立好让状，说明这块土地分给谁，那块土地分给谁。为避免自己死后子嗣争夺遗产，财产分割的方法必须明确。

在武士们立的让状中，有许多是立遗嘱者亲笔书写的，这些亲笔所写的让状用的几乎都是平假名。

比如有让状写道："よてのちのために、しひちのゆつり状くたんのことし。"其中"しひち"是亲笔书写之意，明确表示该让状为立遗嘱者亲笔所写。句中除一个"状"为汉字外，其余均为平假名。该句原本应写作"仍って後の為に自筆の譲状、件の如し"（亲笔以作后证之让状如是），但"仍""後""自筆""譲""件""如"等却没能用汉字书写出来。

又如"しそく（子息）まこ（孙）とらするゆつりしやうハ、みなしひち也"（此子孙让状，皆为吾之亲笔也），这句话也写明了是自己亲笔所书，同样也几乎用的全是平假名，汉字只有"也"而已。

此外，还有"のちのせうもんのためにしひちのしやうなり"的表述，该句也全是平假名，它本应写作"後の証文の為に自筆の状也"（特亲笔以作后证）。"しひちにてかきをくところくたんのことし"（吾之亲笔，具如是）中也是未用汉字。

那么，为何要亲自书写让状呢？主要还是为了防止有人伪造让状。因为事关财产继承问题，遗嘱人去世后，其继承人中可能会有人为一己之利伪造让状。倘若有人持假让状声称自己该继承大部分土地等，就麻烦了。所以为了杜绝伪造，必须亲笔书写。

事实上在镰仓幕府时代，不乏兄弟、叔侄等因财产继承纠纷而对簿公堂之事，而且经常出现两方出具的让状内容不一致的情况，这极有可能是其中一人提供了伪造的让状（也可能两方均为伪造）。

当时，镰仓幕府的法庭也会仔细进行笔迹鉴定，判断哪一方出具的让状才是真的。因此，立遗嘱者必须亲笔书写，这样一来，日后只要将让状与其他文书进行笔迹对比，就可以辨出真伪。

然而，当时的武士几乎都不会写汉字，所以他们的亲笔让状才会是通篇的平假名。由此可见他们的汉字书写能力低到何等程度。

但是，其中也有使用汉字书写的让状，还有大量使用汉字的其他文书。那么，这些又是谁写的呢？当然，肯定不是武士本人。

实际上，有权势的武士会雇用擅长书写之人，也就是秘书，为自己代笔。从事这种文字工作的人被称为"公文"或"沙汰人"。因为他们都会书写汉字，所以武家文书中也留有一定数量的汉字文书。

然而，并不是所有的武士都雇得起秘书。没钱的武士要怎么办呢？尽管没有相关史料可以佐证，但笔者推测他们是请附近寺院的僧侣为其代笔。

如上所述，镰仓、南北朝时期的武士基本都不太会书写汉字，直到室町时代以后，武士的识字能力才有了明显提高。

显密寺院的高等教育

接下来看看寺院的教育。1549年11月5日，弗朗西斯·泽维尔（将基督教传入日本的第一人）在鹿儿岛逗留期间，给印度果阿的信徒写了这样一封信（《大书简》）：

"除位于都城的大学外，还有五所主要的大学。其中四所位于都城周边，分别名为高野、根来、比叡山、近江，据说每所大学都有 3500 名以上的学生。距都城较远的坂东（关东）地区，还有一所日本规模最大、最著名的大学。相比起来，这所学校的学生人数最多。"

不过，泽维尔似乎对这些大学的存在将信将疑，因为他还写道想亲眼看看是否属实。

虽然不清楚其中的"近江"指哪里，但据泽维尔所说，那时的高野山、根来寺和比叡山延历寺就已经有了大学。

比叡山的大学指的大概是劝学院吧，其基础奠定于镰仓初期。

当时，以净土宗为中心的镰仓新佛教正兴，旧佛教深感危机。当今学术界已不再使用"旧佛教"一词，而将其称为"显密佛教"。显密佛教基本上是指南都六宗（俱舍、成实、律、法相、三论、华严）和平安二宗（天台、真言）。而延历寺是日本天台宗的祖庭（延历寺是位于比叡山的诸堂塔的总称，不存在名为"延历寺"的堂舍），显然属显密佛教一派。

净土宗深受民众支持的原因之一在于，它反对显密寺院的贪污腐化。显密寺院也逐渐意识到，照此发展下去将会有败给净土宗的危机，于是便掀起了教学复兴运动，开始认真学习经典。

建久六年（1195），镰仓幕府建立后不久，天台宗僧人慈圆便在比叡山无动寺的大乘院开设了名为"劝学讲"的讲座。该劝学讲具有划时代意义的一点是它允许身份较低的僧人参加。

在当时，显密寺院是一个不折不扣的身份社会，只有身份高贵者，即上层贵族出身的僧侣才能做学问。这些专注于佛教研究和祈祷等脑力劳动的僧侣被称为学生、学侣。

另一方面，身份低微的僧侣被迫从事包括清扫在内的体力劳动，他们被称为"堂众"。在寺院中，所有的讲座几乎都不面向堂众开放，但不钻研学问就无法得到晋升机会，因此不被允许学习的堂众便永远都是打杂的。

然而，"劝学讲"却为身份低微的僧侣们提供了听讲的机会。这是因为当时在比叡山，学生和堂众之间的矛盾日益尖锐，这种混乱导致人们"对显密敬而远之"。劝学讲的出现很大程度上就是为了缓和堂众的不满情绪。

为了使劝学讲中有关天台宗的教学能够循序渐进地进行，慈圆也费了不少心思。在此之前的讲座里只标明了需学习的经典，并没有考虑到怎样科学地划分学习阶段，帮助学生按照一定的顺序学习和理解佛经。然而，劝学讲却有一套系统的课程设置：第一期共五年（1195—1199），第一年讲读《净名经》，第二年讲读《法华经》，之后的三年讲读《法华玄义》。

慈圆发起的劝学讲每年只举办一次，开讲时间不超过7日，这有点类似于现代大学的集中授课。后来，劝学院逐渐成为能够长期授课的教育机构，在各个大型寺院中固定了下来。

其中成立于弘安四年（1281）的高野山劝学院，成为一所接近于近代大学自治形态的高等教育机构。泽维尔所说的高野的大学，应该指的就是这所高野山劝学院。

显密寺院的初等教育

除高等教育外，显密寺院还提供初等教育。学僧，即做学问的高级僧侣，出家后自然要学习佛教经典，但其实有很多僧侣自幼便进入寺院生活，那时他们还没有出家，被称为"稚儿"①。稚儿时期学习的是外典，外典指佛经以外的书籍。剃度出家后才学习内典，即佛教经典。

《融通念佛缘起绘卷》中描绘了一名叫良忍的高僧教导

---

① 在神社、寺院的祭礼、法令等中，扮成天童加入活动行列里的童男童女。

稚儿学习的场景。绘卷中位于屋正中的就是良忍，他是这幅画的主人公。画中除了老师良忍和稚儿外，还有相当于学长的年轻僧侣似在指导稚儿。由此看来，寺院中还有辅导稚儿学习的人员。

图 2 《融通念佛缘起绘卷》（摹本）上卷 本文 3（部分）
出处：藏于东京国立博物馆，TNM Image Archives

那么，稚儿学习的外典具体都有哪些呢？他们并非一开始就学习那些高难度的书籍。实际上，寺院有面向儿童、初学者的书籍，称为幼学书。

幼学书的代表首先是《千字文》。这是一首以"天地玄黄"为开头，用 1000 个不同汉字写成的汉文长诗，是学习汉字的入门书。

其次是《杂咏》，这是一部由初唐李峤编著的咏物诗集，共120首，所以又称《杂咏百二十首》，是学习汉诗的基本教材。

然后是《蒙求》。这是天宝五载（746），唐朝李翰用四言韵文编写的成语故事集，记述了中国古代典籍中的名闻逸事，并附有注释。

列举其中一例："漱石枕流"。这个成语的意思是"以石头漱口，以溪流为枕"。因为著名作家夏目漱石笔名即由此而来，因此该成语在日本非常有名。

据《晋书·孙楚传》记载：后晋武将孙楚年轻时想隐居，就告诉王济说自己想"枕石漱流"，结果不小心说成"漱石枕流"，被王济指出"溪流不能枕，石头不能漱口"之后，孙楚强行辩解称："用溪流作枕头可以洗耳，用石头漱口可以磨牙。"《蒙求》就是这样一本汇集了此类名闻逸事的故事集。通过阅读此书，能够对中国古典名著中的故事、成语、逸事有个大致的了解。

当然，也有日本人自己编纂的幼学书，比如《和汉朗咏集》。其作者是平安时代中期的著名歌人藤原公任。这是一本收录了适合吟唱的汉诗、汉文、和歌，按主题归类分辑的诗文集。平安时代的宫廷中盛行朗咏，贵族们在朝廷的正式庆典、私人集会等场合，时常会跟着乐器伴奏共同吟诵有名的汉诗、和歌。由于朗诵的诗歌要符合场合，所以他们必须事先熟记大量的诗歌。

即便是在现代社会，生活中也偶尔会遇到需要合唱某首歌的机会。这时，如果不会唱些耳熟能详的歌曲，多少会让人感到尴尬。

在中世时期更是如此，共同吟诵汉诗、和歌，某种程度上已蔚然成风。但好在特定的场合吟诵的诗歌一般都是固定的，只要事先有一定的准备就可以，《和汉朗咏集》就是这方面的教材。"和汉"，顾名思义就是"和"与"汉"，指日本的和歌和中国的汉诗。

按理说，吟诗本来只是贵族们必备的修养，但中世时期的僧侣偶尔也有需要吟诵和歌与汉诗的场合，所以他们也要学习诗歌。

贵族社会的初等教育

《千字文》《杂咏》《蒙求》等幼学书既是僧侣的读物，也是贵族的读物。不过，笔者认为与其这样说，不如说是贵族社会使用的幼学书传入了寺院社会。这一点从《和汉朗咏集》收录的内容中便可得知。应该是因为贵族子弟也会进入寺院学习，所以寺院才引入了贵族社会的常用教材。

藤原道长的祖父藤原师辅在给其子孙的遗训《九条殿遗诫》中称，要先读书，然后习字，如果还有时间的话，再去玩耍。比起习字，藤原师辅更重视阅读。这样一来，前文中弗洛伊斯"日本儿童先从书写开始，之后再学习阅读"的记述，就很令人生疑了。

那么，贵族社会的初等教育是从几岁开始的呢？让我们来看看藤原为家的例子。藤原为家是藤原定家的嫡子。藤原定家就是那位编著《新古今和歌集》的著名歌人。

定家的父亲藤原俊成也是一位著名歌人，其家族（御子左家）是日本有名的和歌世家。因此不仅是定家，他的儿子、孙子，乃至子子孙孙都必须要努力学习和歌，成为和歌行家。

但是根据定家的日记《明月记》建历三年（1213）五月十六日的记载，当时他16岁的嫡子为家正沉迷于蹴鞠，完全不学习和歌。

下一任继承人竟然吟咏不好和歌，这对作为和歌宗家的御子左家来说可谓是个头疼的大问题，定家哀叹儿子不学无术，在《明月记》中写道："（吾儿）不读一卷书。年七八时，仅学蒙求、杂咏，犹忘矣。"

其大意为，为家完全不学习，连一本书都不愿意读，就连七八岁时仅读过的《蒙求》和《杂咏》，都快忘完了。不过，定家的担心其实完全没有必要，事实上，为家长大后不仅成了优秀的歌人，甚至在蹴鞠方面也闻名天下。

据此也可看出，在贵族社会和寺院社会中，七八岁时学习《蒙求》《杂咏》等幼学书已然成为惯例。

平安中期的儒学大家大江匡衡晚年创作了一首回顾自己半生的长篇述怀诗——《述怀古调诗一百韵》。据诗中所述，他从7岁就开始读书。

匡衡这样的才华横溢之人也是自7岁开始学习，可见7岁应该是当时开始学习的标准年龄吧。不过据说匡衡9岁便能作诗，看来他极有可能还涉猎了幼学书之外的书籍。

大江匡衡的曾孙匡房在其自传《暮年记》中写道："予四岁始读书，八岁通史汉，十一作诗赋，世称神童也。""史汉"，指司马迁的《史记》和班固的《汉书》，都是中国的正史（二十四史）。如果匡房4岁开始读幼学书，8岁就能读懂中国史书，那确实是神童（笔者认为此处有夸大之嫌）。

据说，菅原道真的长子高视也是自4岁开始读书，也许某些天赋较高的孩子确实4岁起便能读书了吧。但是，大江匡房和菅原高视能够取得如此高的成就，除了有赖于自身资质外，其家庭环境也至关重要。大江氏和菅原氏均是书香门第，对子嗣学习能力的要求自然要比普通贵族还要高。因此，他们的祖父和父亲才要对后代进行早期的英才教育。

在中世，儒家出身的人要先从大学寮①毕业，通过国家考试——"文章得业生试也称对策"的选拔，然后才能踏入仕途。因此，他们从小就被逼着拼命学习。这不免让人联想到今时今日的"高考"。

禅僧讲授朱子学

前文已经探讨过显密寺院的教学情况。那么，禅宗寺院又是怎样的呢？大家可能很难想象，在中世，禅寺内盛行的竟然是儒学。

在中国的禅宗寺院，举行佛事法会等活动时，常作四六骈文。所谓四六骈文，是指多用4字和6字组成对偶句的一种华丽文体。

骈文非常注重引经据典，日本的禅僧想要作好四六骈文，就必须了解中国古典，而中国古典的主流是儒学经典，由此他们也必须进行相应的儒学学习。

---

① 日本古代律令制下培养官吏的机构。

贵族社会也是自平安时代开始学习儒学的。值得注意的是，在当时的中国，儒学发生了巨大的变化。

唐朝灭亡后，中国经历了五代十国时期，之后宋朝建立。宋朝大致相当于藤原道长活跃的日本平安中期到镰仓中期。正是在宋朝，出现了被称为"宋学"的儒学新潮流。

宋学与之前的儒家学派大不相同。唐代的儒学十分讲究对儒家经典中细微词句的解读，著名儒家经典上自古便有详细的注释，记载着从前某位了不起的学者是怎样解释某个字的，另一位学者又是怎样解释这个字的，学生需要不断地学习这些注释，并要在此基础上再行解释。这便是唐代的儒学。

但是，宋学却主张没有必要受传统注解的束缚，无须在意师说、师解等琐碎的解释，认为最重要的是把握住孔孟等先贤所著儒学经典中的精神，而非后人对其作何阐述。因此，旧儒学的解释被称为"古注"，宋学的解释则被称为"新注"。

宋学之前的儒学，实际上是对注释的研究，从宋学摒弃训诂[①]、重根本后，儒学便不再是对注释的研究，而成了一种

[①] 为解释古典而主要研究文字意思的学问。

哲学、一种思想。宋学的代表是南宋朱熹开创的"朱子学"。

不仅解释发生了变化,所重视的儒学经典也不同以往。唐代以前的旧儒学以《周易》《毛诗》《礼记》为基本教材,宋学则以《论语》《大学》《中庸》《孟子》这"四书"为主。

特别是《孟子》,其地位因宋学的发展得到了显著的提高。《孟子》在宋代以前并不受重视,甚至没有被列入科举考试科目。宋学,特别是朱子学的发展,才使《孟子》获得了儒家经典的地位。

将宋学这一新儒学带到日本的正是禅僧。中世时,日本许多禅僧乘商船入宋(宋朝灭亡后为元朝),在禅宗寺院留学。由于当时中国的僧侣们已经把宋学作为一种必备的教养来学习,因此禅寺中收藏了大量新注的儒家典籍。留学的禅僧们将其誊抄并带回了日本。这样一来,日本的禅寺中也有了越来越多的新注的儒家典籍,宋学研究也随之兴盛起来。

总体来说,日本封建社会的上流阶级非常向往中国,因为那里是文化、文明的最前沿,人们渴望与之接近。

然而,日本的公家①们原本只了解唐代的旧儒学,直到在

---

① 仕于朝廷的身份高的人,相对于武家而言指一般的朝臣。

中国留学的禅僧将新儒学——宋学带回了日本。对于没有机会前往中国的公家们来说，学习宋学的唯一途径就是向禅僧学习。

禅宗也抓住了这一宣传的绝佳机会。他们通过教授宋学，将人们逐渐引向禅宗、佛教。换言之，他们将人们对宋学的兴趣转化为对禅宗的兴趣，并最终使其成为禅宗的信奉者。在当时，这被称为"兴禅之便"。

对于禅僧来说重要的应该是禅宗的教义，儒学只不过是业余爱好、身外之技，更何况宋学还有批评佛教的一面。因此，从原则上讲，禅僧积极传授宋学是很反常的，他们之所以这样做，完全是为了借此发扬禅宗。

禅寺注重实学

除了宋学之外，禅宗寺院教育的另一特色是注重实学，即实践应用。虽说显密寺院在佛教经典之外也教授外典，但不外乎和歌、汉诗，无论哪一个都对现实生活用处不大，而禅寺却非常强调实学，这也是禅寺与显密寺院的一大区别。

如前所述，显密寺院的世界是身份制社会。寺院僧侣的地位存在高低之分：研究佛教经典的学僧地位最高，从事事务性工作或体力劳动的僧侣地位低下。而在禅寺，虽不能说完全没有地位上的差异，但起码在观念上是平等的。

禅宗将世俗生活作为修行场，其根本教义认为日常生活皆是修行。也就是说，无论是做饭，还是打扫卫生，只要踏实、勤勉地去做，便是在修行。

在显密寺院中，做饭、打扫都是下等僧侣的事情，身份高的僧侣不用理会。因为在他们的认知中，学僧就应该专心于学问。

而在禅宗寺院，做饭、打扫都是了不起的修行，即使是高僧也会去做这些事。

禅宗寺院的结构大致分为负责学问的西班众和负责实务的东班众。东班众负责做饭、打扫、财务等工作，但其地位不一定低于西班众。当然，实际上西班众的僧人一般能更早地出人头地，但至少在观念上他们是平等的。事实上，在禅宗发源地中国，也有不少东班众出身、位至一山住持的禅僧，如方会禅师、法恭禅师等。日本也有东班众出身的住持，如东谷圭照禅师等。

因此，尽管东班众基本上不做学问，但是他们也被允许听讲座。由此一来，禅宗寺院的讲课便带有了浓厚的实践性。关于这一点，近年来川本慎自提出了一个有趣的观点。

川本举例说，永享九年（1437），京都建仁寺的禅僧江西龙派在讲解杜甫的诗时，结合咏红米的相关诗句提及了

"红米多分布于九州",结合咏泛湖小舟的相关诗句提及了"近江有湿田,泛田舟①播种"等与农业生产相关的知识,特意传授了一些与研究杜甫诗词无关的信息。

还有长禄三年(1459)至宽正三年(1462),京都东福寺的禅僧云章一庆在讲授《敕修百丈清规》时,也讲述了一些题外话。

《敕修百丈清规》是中国元代中期编撰的一部有关禅寺基本规则的著作。它原本由唐代一位名为百丈的禅僧所作,后到元代经过了进一步的修订。中国的禅寺均按照其中的规定运作,日本的禅寺自然也是如此。

总之,对于禅僧来说,《敕修百丈清规》是必学知识,所以云章一庆才会专门开课教授这部著作。授课过程中,他不仅讲述了原文里中国禅寺是如何管理田地的,还讲述了自己管理东福寺所领庄园的实际经历。

《敕修百丈清规》是根据中国的情况制定的规则,其中讲的都是中国的事情。尽管中国的禅寺和日本一样,也需筹措经费来管理田地,但说到底这是中国的田地,加之地理和

---

① 田舟,秧马。用水田运送稻秧或肥料等的浅底小舟。

制度的不同，两国的情况完全不同。如果只是为了理解《敕修百丈清规》的内容，那么提日本庄园的事情根本毫无意义。尽管如此，云章还是讲述了自己经营庄园的经历。

所以，川本推测云章此举有可能是因为东班众僧人也在听其授课。按理说，禅寺的讲座讲授的是儒学、佛学、汉诗等学问，只需解答学术问题即可。但是由于从事实务工作的东班众僧人也在听讲，所以云章也基于他们的兴趣，讲解了农业生产、庄园管理等实用知识。

正是由于禅寺秉持着日常生活皆是修行的观念，从事实务工作的僧侣地位较高，所以他们才更注重实学。可以说，这是禅宗寺院区别于其他宗派的一大特色。

足利学校的"复兴"

中世的学校之中，最为人熟知的是足利学校。如前文所述，弗朗西斯·泽维尔在《大书简》中提到坂东有一所大学。想必这个坂东的大学指的便是足利学校。

日本高中历史教材中就有关于足利学校的内容，所以大多数日本人应该都听说过这个名字。但要说这究竟是一所怎样的学校，恐怕就没有多少人清楚了。

关于足利学校的创立时期，众说纷纭。其中，最早的说法认为是小野篁所创建。若据此说法，足利学校早在平安时代就已经存在了。不过，笔者认为此说法有后世杜撰的成分。

还有一种说法认为是由足利义兼创建的。足利义兼侍奉于源赖朝，是足利氏的当主。若果真是他所建，那么足利学校在镰仓时代初期就已存在，不过这大概也是后世所作的传言。

一般认为，足利学校成立于 14 世纪末至 15 世纪初。它的前身是鑁阿寺（足利氏的菩提寺①）。而就在 14 世纪后半期，鑁阿寺的教学活动达到顶峰。

但是，足利学校在此之后就衰落了。直到永享四年（1432），关东管领②上杉宪实接手后才得以复兴。关东管领辅佐关东统治者镰仓公方，位居镰仓幕府一人之下万人之上的要职。

制定于应永三十年（1423）的《学校省行堂日用宪章写》，记载了足利学校附属疗养院的住院规定。尽管足利学校的规章制度没有留存下来，但这份关于其附属疗养院住院规定的史料，也足以证明在应永三十年时该学校就已经存在。也就

---

① 把历代先祖的墓设于其中，并举行葬礼或法事等的寺。
② 室町幕府的第一要职，辅佐将军，总辖政务。初称执事，后改称管领。由足利氏一门的细川、斯波、畠山三氏轮流担当，世称三管领。

是说，足利学校在上杉宪实复兴之前就已经出现了。

关于上杉宪实接手之前的足利学校的教学内容，我们已经无从知晓。尽管后世的史料中有各种各样的说法，但是否属实尚不明确，因此笔者只介绍永享四年之后的情况。

永享四年（1432），管理足利庄园的上杉宪实从镰仓的圆觉寺请来快元禅僧担任足利学校的庠主（校长）。快元禅僧是易学大家，易学即占卜的学问，是解释宇宙万物的高深智慧。在中国古代，卜筮之书《易经》（即《周易》）被尊为儒家基本经典五经之首，易学作为阐释《易经》的学问也得到了长足的发展。

永享十一年（1439），上杉宪实向足利学校捐赠了宋刻本《尚书正义》（中国古代历史书、五经之一《书经》的注释书）、《毛诗注疏》（中国最古老的诗集、五经之一《诗经》中《毛诗》的注释书）、《礼记正义》（中国古代礼仪专著、五经之一《礼记》的注释书）、《春秋左传注疏》（春秋时代鲁国的历史书、五经之一《左氏春秋传》的注释书）。不过，这些珍贵书籍并非宪实所有，而是取自金泽文库[①]。

[①] 镰仓中期，北条实时武藏国金泽区的称事寺境内创建的文库。亦称为金泽学校，与足利学校同为中世学问的中心。大量珍贵书籍保存至今。

文安三年（1446），上杉宪实为足利学校制定了校规《学规三条》。按照规定，足利学校不讲授除三注、四书五经、列子、《庄子》、《老子》、《史记》、文选以外的任何内容。也就是说，足利学校只讲授儒学。当然，也包括前述的易学。

综上所述，中世的教育机构主要是寺院，所以中世的教育也主要以佛教为中心，尽管禅寺等寺院也进行儒学教育，但其内核始终是佛学。在宪实接手之前，足利学校的课程也很有可能是以佛教为核心的。

不过，宪实剔除了足利学校中的佛教色彩，将其打造成了专门研究儒学的学校。虽然包括庠主快元在内的老师都是僧侣，但他们教的并不是佛学，而是儒学。这所学校很快吸引了来自全国各地的学生，影响力逐渐扩大，甚至被称为"坂东的大学"。由此可以说，宪实才是足利学校的真正创始人。

享德三年（1454），上杉宪实的嫡子宪忠向足利学校捐赠了宋刻本《周易注疏》（《易经》的注释书，日本国宝）。至此，足利学校聚齐了五经正义（唐太宗贞观年间至高宗永徽年间由孔颖达等人编纂的五经注释书）。

足利学校的教育

接下来，为大家详细介绍一下足利学校是一所怎样的学校。首先，该校的学生以僧侣为主。虽然普通人也能入学，但原则上仍是一所专门为僧侣开设的学校。因此普通人在入学时，为了方便起见都会取一个僧名。入学学生的年龄多为20来岁，大多在校学习4—5年或者7—8年时间。

如前所述，学校讲授的内容主要是儒学。其中易学最受重视，其次是日本典籍，然后是中国诗文、医学、兵法、天文学等。

足利学校十分重视教学的实用性，易学如此受重视，似乎就与当时战乱频发有很大关系。每逢交战，交战各方都要事先卜上一卦预测吉凶，因此战国时代的军师不仅要精通兵法，还需通晓天文学、易学。

另外，足利学校在日本医学史上也留下了浓墨重彩的一笔。战国时代的名医曲直濑道三就出自该校。道三原本是武士，因父母早逝，10岁（也有说法认为是8岁）就进入近江国天光寺成为稚儿。13岁，转入京都相国寺。享禄元年（1528），22岁的道三进入足利学校，并且在此对医学产生了兴趣。之后，他师从田代三喜（同为足利学校出身），立志献身于医学事业。

足利学校主要以20人以下的小班授课为主，针对那些已经在其他寺院学习过的僧侣，学校会对他们进行更高层次的教育，因此基本上可以算是一所高等教育学府。此外似乎也会安排一些《千字文》《蒙求》等初等教学内容。

由于当时还未出现印刷技术，所以学校无法向学生配发教科书，学生在上课前必须要先抄写课文。上课时，老师边读课文边作讲解，学生则用混杂着片假名的句子将老师口述的内容记在教材正文的行间或上下方。

幸亏当时学生书写的讲义得以保留至今，才让我们了解到了这些内容。如国立国会图书馆馆藏的《论语集解》（《论语》的注释书），该本出自足利学校第七代庠主九华瑞璵之手，是其学生时期的上课笔记。从中可见，正文的行间与上下方用小字写着老师的讲课内容。因此，该书不仅是《论语集解》的抄本，同时还是一份手写讲义。

另外，该书中有一篇课文提到了歌人清严正彻所作的返歌[①]。此处的笔记看着有些奇怪，因为它与儒学毫不相干，所

---

① 返歌，和诗，答诗。对他人所赠（诗）歌的酬答（诗）歌。

记录的应该是老师的闲谈。战国时代，正彻的和歌在关东一带颇有人气，因此老师觉得有必要让学生了解更多有关正彻的信息吧。

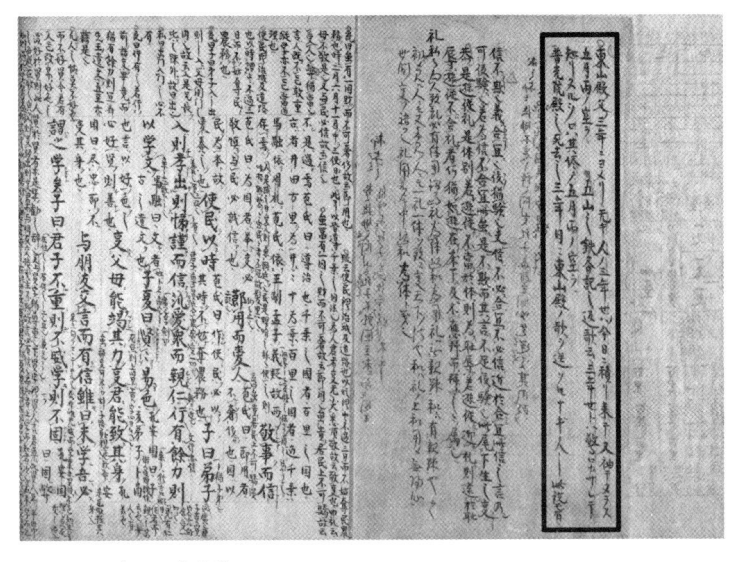

图 3 《论语集解》
出处：日本国立国会图书馆

看来即使在足利学校，老师也时常会脱离汉文书籍和课程主题闲谈一些题外话。但这些闲谈也并非是废话，而是为了提高学生的社交素养。

寺院学校的普及

如前所述，中世寺院的教育原本以僧侣为对象。但渐渐地，开始接收一些并不打算出家的武士子嗣，再后来，普通人家的孩子也能进入寺院学习。可以说，江户时代的寺子屋就是由此发展而来的。

在江户时代，寺子屋将往来物作为教科书使用，中世的寺院学校也是如此。

往来物是从平安末期到明治初期，在各种学校里广泛使用的书信体初级教科书的总称。因其采用书信集（收录往来书信）的形式而得名。后来，所有初等教育的教科书，包括没有采用书信集体裁的教科书在内，都被称为"往来物"。

往来物中，写于古代、中世的被称为"古往来"。已知最古老的古往来是藤原明衡（逝于1066年）的《明衡往来》，之后是《季纲往来》《东山往来》等，到平安时代末期为止共计7本。接下来是镰仓时代到室町时代，可以确认的有《贵岭问答》《十二月往来》《杂笔往来》《庭训往来》等45本。

古往来中最负盛名的是成书于14世纪中叶的《庭训往来》。全书由25封书信组成，按照1年12个月的顺序编排，每月2封，外加1封"八月十三日状"。

尽管书中每一封信采用的都是规范的书信体裁，但并不一定都很实用。比如，开篇正月五日的信是为了邀请友人过年一起游玩，信里非常具体地列举了"射杨弓、雀小弓、笠悬、小串、草鹿、圆形靶"等各种游戏，现实中可没有人会这样写信。由此可见，《庭训往来》真正的目的在于将日常生活中使用的词汇分门别类地列举出来，以帮助学生学习和记忆。

整体来看，《庭训往来》收录了大量有关武士的信件，如怎样指导农民进行农业生产、住宅建设、惩治盗贼等。因此可以认为当初的教科书是以武士子弟为对象的。

那么，中世的寺院学校普及到了何种程度呢？成书于文龟二年（1502），由万里集九禅僧所著的诗文集《梅花无尽藏》中，收录了咏赞在美浓的寺院学校里刻苦学习的武士少年的诗文。在诗文中，经常可以看到"村校""州校"这样的词句，可见当时地方上也有很多寺院学校。

毛利元就的家臣玉木吉保在自传《身自镜》中，记载了他自13岁开始在胜乐寺进行的为期三年的学习历程。第一年主要是学习书法。如前所述，在镰仓至南北朝时期，普通武士只会写平假名。但到了战国时代，他们也开始学习汉字。

玉木吉保在入学后的头五天学习了伊吕波歌（用47个平

假名编成的歌），接着又学习用假名书写文章，再后来，开始学习汉字。

如此看来，弗洛伊斯"我们的孩子先学习阅读，之后学习写作。日本的孩子先学习写作，之后学习阅读"的这一记述，或许指的就是这一点。不过，第二年以后，吉保也一直在习字。

与此同时，他也进行了阅读。吉保没有打算成为僧侣，但因为受教于寺庙，所以也被动学习了佛教经书。据说，他清早读《般若心经》《观音经》，夜晚读《庭训往来》《童子教》《实语教》。《童子教》是教授礼仪的初级教科书，《实语教》是将"山不在高，有树则贵"等格言汇编而成的初级教科书。这些书在江户时代都被用于寺子屋等学校的道德教育。

另外，吉保还读了镰仓幕府制定的基本法典《御成败式目》（见本书 P37）。在战国时代，大名们制定"分国法"时均会参考《御时败式目》，所以，该书很有可能在当时来说是必备常识。它不仅适合用于教授学生基本的社会规范，而且体量也适合初等教育。江户时代的寺子屋同样也用到了这本书。

不过，总体来说，吉保第一年还是更重视习字，经常从早晨练到傍晚。

第二年，他开始将重心放在了阅读上，读了《论语》等四书五经，还有前文提及的《和汉朗咏集》。这与出家前的稚儿接受的教育没什么不同。

有意思的是吉保还读了《六韬》和《三略》。这些都是中国周朝的著名军师吕尚（太公望）所著的兵法书。这或许是老师考虑到吉保是武士的后代，特意安排他学习了这些兵书吧。

第三年，他读了《古今和歌集》《万叶集》《伊氏物语》和《源氏物语》。另外还学习了和歌、连歌的写作，对能乐方面也有所涉及。当时上层社会基础教育的内容从中可见一斑。

庶民教育

慢慢地，平民百姓的子弟也可以进入寺院学校学习。据成书于永享二年（1430）十月的《出法师落书》记载，在丹波国某山村的寺院中，僧侣经常向许多少年儿童教授《童子教》和《和汉朗咏集》。另外16世纪在兴福寺的塔头①深窗

---

① 指禅宗寺院的祖师或高僧死后，弟子敬仰师德，在其塔或墓的附近建起的小院。

庵中，随处可见商人子嗣入内学习（《多闻院日记》）。

如前所述，《庭训往来》中的内容大多与武士有关，但其实也十分注重商业活动，收录了大量和职业相关的词汇。《庭训往来》原本是武家子弟用的教科书，应该是由于商人子弟也开始进入寺院学习，所以书的内容才得到了相关增补。从书中包含的丰富内容中，也可看出当时各阶层在寺庙内学习的社会状况。

正是由于平民普遍开始进入寺院学校等处学习，所以到了中世后期，平民的文化水平得到了空前的提高。

狂言中有一个剧目叫《二九十八》。据记载，永禄十一年（1568）二月，该剧目曾在安芸国的严岛神社上演。也就是说该剧目最晚在16世纪中叶就已经出现。剧中情节涉及当时平民文化水平，非常有趣。

剧目梗概如下：

一男子前往京都清水寺参笼，向神祈求姻缘。参笼是指闭居于寺院之中祈祷。其后，男子梦到"立于西门第一阶梯之女，乃汝妻"。梦醒后，他认为这是神灵的示意，于是匆忙赶去，发现该处果然有一位用衣物遮住自己面容的女子（按照当时的风俗，女性外出时不可抛头露面）。

男子对女子顿生爱慕，欲求之，于是向女子问询"婚配否""家住何方"等等，女子皆以和歌谜语对之。男子逐一将其解开。原来女子家住室町春日町之北。

最后，男子以返歌的形式问道"拐角起数，第几处乃汝家"，女子只说了一句"二九也"便离开了。男子一算"$2 \times 9 = 18$"，解出谜底为第18户，于是便找到了那户人家。

果不其然，女子就站在那家门口。男子兴高采烈地带着女子回了自家。在此之前，女子一直用衣物遮着面部，当男子将衣物摘下后，发现女子居然貌比东施，于是立马落荒而逃。到此，全剧打诨结尾。

暂且撇下这个转折不论，从狂言中使用九九乘法可以看出，中世后期的平民已经掌握了该算法，因为如果观众不知道$2 \times 9 = 18$的话，那么这出狂言就站不住脚了。而且，用和歌打哑谜也说明了当时的人们具备了和歌的相关基础。

九九乘法的用例最早见于《万叶集》。不过，从平安时代开始，它才作为基础数学知识被普及开来。平安中期，贵族社会使用的幼学书中有一本叫《口游》的书，编者是源为宪，该书中包含各种实用的小知识，其中就有九九乘法。因此当时的贵族子弟应该已经开始背诵九九乘法了。但是，《口游》中收录的九九乘法与今天略有不同，顺序与现在相反，它从$9 \times 9 = 81$开始，以$8 \times 9 = 72$、$7 \times 9 = 63$的方式进行，

最后以 $1 \times 1 = 1$ 结束。

不过从室町时代开始，九九乘法就和现在一样变成了从 $1 \times 1 = 1$ 开始。显而易见，这样的顺序更便于背诵。九九乘法之所以能在平民中普及，或许就是因为这种逆转吧。

中世的生老病死

中世的产房

佛教始祖乔达摩·悉达多（释迦牟尼）曾说，众生本质之苦为"生老病死"。这就是所谓"四苦八苦"中的"四苦"。

不论科学如何发达，我们都逃不过"生老病死"。这四个字可以说是人一生中最为普通的要素。因此要想了解中世人的生活及思考方式，就有必要了解他们的"生老病死"。

首先来看一下中世的分娩。对当时的人们来说，生孩子是一件稀松平常、顺其自然的事情，因此历史上也几乎没有留下太多文字记载。当然身份尊贵的人生孩子会被记载下来，不过也并不会具体到如何分娩。

这时绘卷就派上用场了。中世的绘卷经常会描绘分娩的场景，参照它们，就可以明确分娩的方式。

比如《融通念佛缘起绘卷》。这幅绘卷描绘的是平安后期融通念佛宗的创立者良忍的功绩。绘卷完成于镰仓末期，现存最早的摹本被认为作于南北朝、室町时代之间。其中描绘了中世时期分娩的场景。

这幅《融通念佛缘起绘卷》下卷中，记载了良忍帮助产妇平安分娩的一则逸事：木寺牧牛童者，侍于源觉僧都，有一妻也。其妻难产弥留之际，得良忍指引，念佛皈依，终得安产。闻之念佛者，二百七十二人也。

在木寺侍奉源觉僧都的牛童有一妻子。此处的木寺指京都仁和寺院家①。牛童即为赶牛车、照顾牛的人。牛童因为身份低微，即便成年了也不戴黑漆帽，仍然像孩童一样披着头发。因此虽说是"牛童"，却不一定都是小孩，也有成年男性。绘卷中的牛童便是成人，且已成家。

这个牛童的妻子因难产而痛苦不堪，再贻误下去会有一

---

① 日本佛教用语，为寺院的一个级别。

尸两命的危险，幸好她在良忍的劝说下皈依了融通念佛宗，最终顺利生下了孩子。据说有272人听了这个故事后成为融通念佛宗的信徒。

接下来具体介绍一下绘卷的场景。画中描绘了一间面朝道路的产房。通过观察分开着双腿、忍受着阵痛之苦的产妇，我们可以知道当时的分娩方式是坐式分娩。产妇身边有两名稳婆，其中一名从后面抱着产妇，另一名则用右手抱着产妇的头颅，并用左手拉着从天花板上垂下来的绳子支撑着产妇。在产房一角，牛童在祈祷着妻子能顺利分娩。

图4 《融通念佛缘起绘卷》（摹本）下卷 本文13（部分）
出处：藏于东京国立博物馆，TNM Image Archives

产妇的对面有一正做书写状的僧人，这人大概就是良忍了吧。后世一般认为他正在将产妇的名字记入名账。因为皈依了融通念佛宗的人，其名字就要被记入名账，记入之后，此人就与阿弥陀佛缔结上了缘分（称为"结缘"），死后便可往生极乐净土。

日本历史学家保立道久曾指出"贵族分娩，产房自然设在其宅邸内，而普通老百姓分娩，就像这幅画上所描绘的那样，经常面朝道路设产房"。

保立征引《新御成败状》第24条，作为面朝道路设立临时产房这一说法的佐证。《新御成败状》是丰后（今大分县）守护[①]大友赖泰于仁治三年（1242）制定的法律，其中有许多关于建设其根据地丰后府中[②]城市建设规划的条文。

第24条内容为："一、各保[③]产阁之事。立于大道者，止之，若遇承令者，可破却之。"该条款明令禁止了面朝人来人往的道路设立产房，如拒不配合的人，可依法对其强制拆除。如此特地颁布禁令，反倒印证了当时这种情况的普及。

[①] 日本镰仓幕府和室町幕府设置的武家职位。
[②] 丰后国的国府。
[③] 从平安末期到中世，与庄、乡并列的国衙领内的一个行政单位。

大友制定的《新御成败状》参考了《御成败式目》等镰仓幕府颁布的法令。可想而知,在镰仓幕府的法令当中,也存在着类似的产房禁令。

分娩过程是公开的?

关于《融通念佛缘起绘卷》下卷的这幅绘画,保立还说道:"这一幕有意思的地方在于,紧张的分娩竟在临街的公开场所进行,与市井中的林林总总共处于同一个空间。骑马赶路的妇人从马上探着身子向产房里面窥视,身背大斗笠、站在大路中央的僧人,还有少女们也指着产房议论纷纷。在这样的场合下分娩,比起这些路人,熟知产妇情况的近邻更为关心和担忧产妇。图画中拨开帘子向产房窥看的邻家女子、面朝产房弓着腰的老妪具体表现出了这一点。"

在现代,产房属于私密空间,除家人和医护人员之外的任何人都不能入内。即便是在请稳婆到自家接生的近代,也不可能对陌生人公开生孩子的情形。所以如果上述推测属实,那中世人的想法跟现在的人还真是大不相同。但是,中世人果真如此吗?

著名女性史研究学者服藤早苗指出:跟在骑马赶路妇人

身后、手拿弓箭的那名随从并未看向产房。无独有偶，五味文彦也提出："虽然产房外的人都在看着产房，但里面的人却没有任何往外看的举动。所以这个产房应该是一个密闭的空间。"

需要注意的是，绘卷并不能做到如照片那般如实地反映现实，说到底它只是一幅画。对保立的观点，服藤反对道："我认为这个分娩的产房本来应该是有门的。只是为了在绘卷中强调牛童之妻于难产濒死之际，皈依念佛后得以平安分娩这件事，才采取了这种绘画手法，故意没有画门。众所周知，《源氏物语绘卷》中为描绘当时贵族们的室内生活，采用了不画屋顶和天花板的'吹拔屋台'技法。应该没人在看过《源氏物语绘卷》之后，会以为当时的寝殿式建筑没有屋顶吧。"

五味也指出："我们必须意识到，画画自有画画的规矩。要想从外部描绘密室内发生的事情，就不可避免地要破坏密室的'密'。"如果画上门和墙，把产房变成密室的话，就无法同时描绘出室内和室外的情形。所以作者只是为了更好地完成绘卷才没有画门，不可能真的门户大开，向行人开放分娩时的场景。

话虽如此，但室外确有不少人将视线投向产房。明明看不到产妇，为何还要看向那边呢？也许，他们并不是在看，而是在听。也就是说，应该是听到了产妇的痛苦呻吟而不由自主地看了过去。

不过，美术史学家千野香织认为，赶路的行人手指产妇，是画师为吸引观画人的注意而故意做的设计。她表示："让画中人物指向某处，可以说是画师表达自身意图的最直接的创作形式。"中世史学家德永誓子也持有同样的主张。她指出，在《融通念佛缘起绘卷》众摹本中，只有克利夫兰摹本描绘了路上行人像是为看分娩而聚集起来的场面。

为了更详尽地了解分娩的场景，我们再来看一下其他绘卷。在绘于13世纪前期的《北野天神缘起绘卷》（承久本）卷八中，描绘着贵族家庭的分娩场景。保立对此解读道："产妇正在饱受分娩阵痛之苦，她的四周围着一群女子。右手边的那名女子正举着手、张着嘴念念有词。右边的房间里有一名身穿柿色僧衣的修验僧[①]，而前方庭院里有一名身穿衣冠束带的阴阳师正在读着祭文。"显然，修验僧和阴阳师正在祈祷产妇能顺利分娩。据中世绘画史料论研究第一人黑田日出

[①] 日本修验道的修行者。

男推测，那名向着产妇高举右手的女子是名巫女，她也同样正在为产妇祈祷。

此外，手拿弓箭的那名男子也正在祈祷。他为了驱除邪气，正在用手拨响弓弦。这种行为就叫作"鸣弦"，而拨响弓弦者也同样被称作"鸣弦"。

产房里只允许女子进入，男子均在产房之外，包括修验僧和阴阳师等祈祷者。12世纪末《饿鬼草纸》（河本家本）中的分娩场景也是如此，产房内只有女子，僧人和鸣弦等祈祷分娩顺利的男子都在产房外。由这些绘卷看来，那些认为中世的分娩是面向不特定多数人公开的这一言论，确实有些武断了。

分娩的污秽

在封建社会，流产和死产并不罕见，分娩对于女性来说可谓是性命攸关。在古代及中世，人们将流产、死产等分娩伴随的危险，解释为魑魅魍魉的邪气在作祟。因此才要在分娩时，通过修验僧、阴阳师、鸣弦等的祈祷来驱除邪气，以确保顺利分娩。

镰仓时代的画卷《饿鬼草纸》描绘了产妇刚分娩完的场景，图中可以看到把手伸向婴儿的怪物的身影。房间里的女

图 5 《饿鬼草纸》（部分）
出处：ColBase（https://colbase.nich.go.jp/collection_items/tnm/A-10476？locale=ja）

人们皆沉浸在顺利分娩的喜悦之中，都没有看向怪物。因为人的肉眼根本看不到它们。

此怪物名为"食小儿饿鬼"，受生前作恶之报化为饿鬼，以刚出生的婴儿为食。

在医学尚不发达的当时，历尽千辛万苦生下的婴儿不久便夭折的情况并不少见，那时的人们都将其归结于"食小儿饿鬼"干的"好事"。

在《饿鬼草纸》中，产房隔壁的房间里，除僧人外还有一名裸着上半身的女子，她旁边散乱地摊着脱下的白色小袖①。保立道久推断这是一名巫女。她一开始穿着小袖,但在祈祷的过程中被"附了体",进入失魂状态,这才自己脱掉了衣服变成半裸。保立道久在其他绘卷中也找到了半裸着的巫女,因此他的这一见解有一定的说服力。

然而德永誓子认为,巫女的职责是将妨碍产妇分娩的作祟恶灵转移到自己身上,从而保证分娩的顺利。在文献资料中,随处可见把邪气转移到被附体者(成为替身的人或物)身上来治愈疾病的祈祷方式。因此,可以说只要见过披头散发、痛苦不堪的巫女的样子,就会认为德永的这一观点更为妥当。

巫女旁边放着的是双六盘②。如后文所述,当时的双六属于一种赌博游戏(见本书P144),但是因分娩而被请来的巫女不可能在赌博,所以正如保立所推测的那样,双六盘应为祈祷或占卜时所用的道具。

说到赌博和祈祷,大家都会觉得这两者之间毫不相干吧。但在医学尚不发达的中世,分娩和碰运气的赌博是有共同之处的。简言之,都是要听天由命、求神护佑。

---

① 日本人平时穿着的一种窄袖服装。
② 日本一种名为"双六"的室内游戏中使用的盘。

可是，为何要限定进入产房的人呢？人们认为这是受了"避秽观"的影响。这一观念形成于9世纪以后的贵族社会。凡在一定期限内食用过六畜（马、羊、牛、狗、猪、鸡），或接触过人与六畜的死亡和生产、女子癸水、吊丧、探疾等的人，皆被视为不洁之人。在污秽未消失的一定时期内，被禁止参加祭神仪式和宫廷庆典等活动。人们认为污秽可传染，人一旦接触到不洁之人或场所，自己也会被污染。

污秽有甲、乙、丙、丁等强弱层级之分。假设污秽的产生源为"甲秽"，那么去过甲秽所在地的人就是"乙秽"，与乙秽之人同席而坐的人即为"丙秽"，以此类推。

一般认为分娩时的污秽，也就是产秽，在分娩后会持续七天。前文提到的"在大路上临时设立产房"的风俗可能也是一种应对之策吧。因为如果在自家分娩的话，用于分娩的房间就会因被污染而一段时间内无法使用，故而才要在其他地方分娩。

那么，为何认为分娩会产生污秽呢？虽然各种史料并未有明确记载，但一般猜测其原因在于分娩时会排出污秽之物，而且分娩常常与流产、死产等死亡现象仅一线之隔。

如上文所述，人们认为分娩会招来"食小儿饿鬼"等魑魅魍魉，或许也是因为可能会与饿鬼接触，分娩才会被认为是不洁的。然而，近些年致力于污秽研究的片冈耕平以驱除邪气的僧人同样害怕污秽为由，主张魑魅魍魉与产秽并无关联。有关这一问题，学界今后仍有必要继续讨论。

有趣的是，产秽并非只一味地为人们所避讳。进入中世后，也出现了一些不但不避讳产秽，反而故意接触的现象。

在中世时期的文献资料中，为了强调养父与养子间的纽带联系时，会频频出现"自产阁始以养子育之"（《田代文书》镰仓遗文18781号）、"自襁褓始养育之"（《金刚三昧院文书》镰仓遗文20383号）等表述。也就是说，即便是没有血缘关系的孩子，如果从刚出生不久就开始养育的话，也会有像亲生孩子一样深厚的感情。

类似的表述还有"自产秽始养之矣"。（《谷森文书》镰仓遗文4141号）

"产秽"为分娩女子所背负的污秽，基本上是不好的东西。但也有相反的观点认为，这是母子间的羁绊。在中世家族史研究方面颇负盛名的饭沼贤司认为，养母也会通过故意接触分娩时的污秽，加强与养子间的纽带关系。

实际上，在中世初期的院政期以后，就可以看到主动进入产房接触产秽的例子。长治二年（1105），藤原宗忠听闻弟妹即将临盆，为赶上分娩瞬间而疾奔至产房。据说侄女出生后，他还在房内停留了片刻。宗忠在其日记《中右记》中写下"闭居于产秽之地"，从中可以看出接触产秽乃其故意所为。

宗忠沉浸在侄女诞生的喜悦中,为与侄女建立牢固的纽带,还积极地去接触本为不祥之物的产秽。这种新型污秽观到了中世才首次出现。人们认为这也与中世形成"家庭"后,家人间的羁绊得以加强有关。

中世的"老"

接下来我们探讨一下关于"老"的问题。以前的人认为多少岁就算是"老人"呢?

中国在唐朝时期依据户籍来掌握百姓的年龄,并将其划分为不同的年龄段:3岁以下为"黄"、4—15岁为"小"、16—20岁为"中"、21—59岁为"丁"、60岁以上则为"老"。

古代日本引入了唐朝名为律令的法律体系,因而实行了与之相同的年龄划分法。大宝元年(701)制定的大宝令就将年龄划分为:3岁以下为"黄"、4—16岁为"小"、17—20岁为"中"、21—60岁为"丁"、61—65岁为"老"、66岁以上则为"耆"。随后又进行了一些修改:"中"改为18岁以上、"丁"改为22岁以上、"老"改为60岁以上、"耆"则改为65岁以上。

这样的年龄划分是为了根据年龄大小征收不同的课税额

而设定的。将达到缴税标准年龄的成年男子称为"丁"，其中22—59岁的称为"正丁"，60岁以上的称为"老丁"，18—21岁的称为"中男（少丁）"。另外还把老丁与残疾（22—59岁的轻度残疾人）合称为"次丁"。在作为律令国家财政基础的主要税制——租庸调中，租按同一标准征收，庸、调则有正丁、次丁、中男之分，负担的份额均不相同。

庸（原本为服劳役，后用米、布匹等代替）由正丁、次丁负担，次丁负担正丁的一半。

调（征收布匹或地方特产）由正丁、次丁、中男共同负担，次丁负担正丁的一半，中男负担正丁的四分之一。

而65岁以上的"耆"则不负有纳税的义务。因为在古代，65岁就已算作退休。在今天的日本，65岁退休制度也已逐渐渗透，这或许可以说是一种回归。此外，古代律令官僚的退休年龄为70岁。

这是日本古代的情况，那么中世又是怎样划分年龄段的呢？首先来看一下平民的情况。中世后期以后，惣村的自治不断向前推进，但参与村落运营管理的正式成员都是15—60岁的男性，61岁以上的老翁并不参与。因为他们把衣钵传给儿子后便避世隐居了。一过60岁就退休似乎成了当时的金科玉律。

另外，战国名医曲直濑道三（见本书P84）于天正二年

(1574)所著的医书《启迪集》中就有"老人门"这一条目,且以60岁以上的老人为对象。也就是说,60岁以上即为"老人"。

武士阶层又是怎样一番情景呢?制定于镰仓后期至南北朝时期的武家家训——《极乐寺殿御消息》(见本书P54)第46条中写着:"三十、四十、五十岁前,应明护君、育民、修身之理,仁义正派。内应守五戒,以政道为宗。"五戒即为在家修行的佛教徒应严格遵守的五条戒律。

接下来还写着"至六十,抛万事,怀往生极乐之愿念佛"。即到了60岁就隐居,念佛以求死后能往生极乐。如此看来,60岁似乎也是当时武士退休的年龄标准。

能乐集大成者世阿弥著的《风姿花传》第一章"各年龄习艺条款篇"中,具体讲解了不同年龄段的不同习艺方法。能乐的话,7岁左右入门。世阿弥认为这个时期最好不要给孩子太严格的指导,要让孩子按照自己的意愿去表演。

十二三岁的少年,体态、声音俱佳。但此时所开之"花"并非苦练技艺开出的"真正之花",而只是"一时之花",所以切不可怠慢练功。之后,随着变声、长高会失去"第一朵花",但这正是需要忍耐的时期。即使被人嘲笑,也莫要急躁,应潜心磨炼技艺。

世阿弥认为,三十四五岁为表演者的"全盛期",若此时仍未能学精技艺，那么40岁以后就会走下坡路。他还教导道，四十四五岁应减少演出，把舞台让给年轻演员。随着年龄的增长，容貌身姿皆会呈现老气，表演的魅力也会不断褪色，但他说"此时仍未凋谢之花，才为真正之花"。

过了50岁之后，年龄增长所带来的衰老就无处可藏了，会进入"麒麟老矣，劣于驽马"的状态。但是"若为已开出真正之花的演员，虽可演曲目、精彩看点越来越少，但花仍会在"。世阿弥之父观阿弥年过50仍可上台表演，直至身故。一般认为世阿弥执笔写《风姿花传》第一章时是30多岁，所以他正是因为看到了父亲，才会认为若为名人则可"终生现役"的吧。

中世的医疗

讲完"生""老"之后，接下来进入"病"的部分。不过讲疾病本身就不甚有趣了，所以这部分将对疾病的治疗方法，也就是医疗进行说明。另外，先前介绍分娩时，已经提到在当时祈祷也是一种治病方法，此处便略去不讲了。

首先，路易斯·弗洛伊斯对中世的医疗所作的评价可作为参考资料。《日欧文化比较》第9章讲到了日欧在医疗方面的对比。列举以下几点：

"我们缝合伤口，而日本人在伤口上贴涂有胶的纸片。"（第9条）如后所述，在当时的日本，外科治疗并非主流，所以贴纸片指的应该就是贴膏药吧。

"我们的病人若没有食欲，人们都会强迫他进食。而日本人觉得这样做太过残忍，于是就放任他们死去。"（第12条）单看这一点会觉得日本人很薄情，但这其实是中医的一种治疗理念。江户时代的本草学家贝原益轩，在其著作《养生训》中写道"服药期间多食会使药效延迟乏力……切忌食味重之物，影响药效"。吃过多油腻食物，会加重肠胃负担，所以一定的饮食限制是合理的。

弗洛伊斯还指出"我们的医生若不参加考试就会受到处罚，也无法行医治病。而日本人为维持生计，只要自己有意愿，一般任何人都能成为医生。"（第18条）

再来看看其他佐证。1584年，身在澳门的传教士洛伦索·梅西亚在寄给葡萄牙本国神父米格尔·德索萨的信中这样写道："日本人的身体普遍很好，可能是因为日本温和的气候有利于健康，而且他们不多食，也不喝'万病之源'的冷水。他们即使生病也几乎不用药，短时间内自然就能恢复。他们还会用银针扎胃、腕、背等部位来治疗一切疾病。"所谓不喝冷水，应该是指不喝生水，而是喝煮沸的白开水。叙述的后半部分特别值得注意，看来针灸治疗在西方人眼中似乎十分怪异。

正如弗洛伊斯所指出的那样，中世时期的日本其实并不存在从医资格。到了中世，除了朝廷典药寮、内药司的官医，很多民医也能得到认可。

镰仓时代，民医大多是医僧。室町时代以后，僧人以外的民医数量不断增加。京都、奈良城中就有许多民间名医，还会有人专门追随他们潜心研学医术。

相对于正规的官医，民医说到底就是无证行医，因此一部分民医会被调侃为"庸医"。但在室町时代，也出现了有着高于官医医术，且被朝廷、幕府招贤纳入的民间名医。

其中的代表就是坂士佛。永和二年（1376）冬，后圆融天皇咽喉麻木刺痛，因丹波笃直、和气繁成等官医的治疗不见成效，故召来了民医坂士佛。坂士佛以针灸之法迅速治好了天皇，因此被授予了法印之位。（《后愚昧记》）此后，他作为皇室、将军的御用名医而声名大噪，在战国时代甚至还被称作"医学之神"，成为传奇。

如上所述，只要取得了功绩，民医也会被授予法印、法眼、法桥等僧位，而且还会被任命为宫内卿、治部卿、刑部卿、民部卿等朝官，相当于真正得到了官方的认可。因此正如弗洛伊斯所说，任何人都能挂牌行医。

在现代人看来，这是一件非常可怕的事情，毕竟碰上庸医，使病情恶化的事例的确也是屡屡发生。

中世的医科

那么，中世的医生到底有哪些类型呢？

中世医疗的主流是内科。因此，当时内科医生被称为"本道医"。

当时的内科治疗采用的是中医疗法，即用中草药治病。弗洛伊斯写道："我们的医生开处方给药房。而日本的医生是直接从自己家送药。"（第5条）因为日本内科医生的主要工作就是配制中草药。

日本中世内科医疗革新的先驱者是田代三喜，他曾于长享元年（1487）23岁之时乘遣明船到达明朝，并于明应七年（1498）归国。他在中国学习了历经金、元两朝发展起来的最新的李朱医学（当时的日本称其为"当流医学"），并将其在日本传播开来。

所谓李朱医学是李东垣与朱丹溪等人所提倡的新型汉方医学。他们批判宋代的激进疗法，反对通过服用发汗药、催吐药、泻药等药物将体内的毒素排出体外，提倡用温补剂（人参汤等）暖身、调理肠胃以提高自然治愈力，力求打造一副百病不侵的好身体。前文提到的曲直濑道三正是从田代三喜处习得了李朱医学，才成为日本医学中兴之祖。而李朱医学也因他的《启迪集》才广为人知。

在田代三喜、曲直濑道三大显身手的时期，还发生了另一件大事。那就是大永八年（1528），大阪堺市商人阿佐井野宗瑞刊行了一本明代医学典籍——《医书大全》。其实该书稍早前就已从明朝传入了日本，在医生间被奉为珍宝，因数量稀少供不应求，因此才又进行了翻刻、刊行。

这本书是日本第一部面向民间广泛刊行的医书。特别是在编校时通过比对多部摹本，准确记录了药量，使日本的汉方医学取得了飞跃性的进展。

其次，外科医生被称为"瘸腿医"。当时还没有出现像样的麻醉手段，与治疗身体内部的疾病相比，他们能治疗的只是身体表面的肿块、伤口以及骨折、脱臼等。

既然无法切开身体直接接触患部，那外科医生所能做的就比较有限了。因此在当时外科并未被看作是主流医学，还取"不是本道"之意，被叫作"外科""外境"等。

成书于永观二年（984）的日本最古老的医书《医心方》中，就伤口的缝合法、绷带的缠法、止血法、涂伤口的药物等进行了讲解。因此弗洛伊斯所说的"日本医生不缝合伤口"乃是夸大之词。

由于南北朝内乱不断，死伤者众多，所以有不少时宗僧人（即"时众"）开始作为随军僧前往战地协助安葬死者，举行法会。同时处理战伤的人也应运而生，外科医术就此有了长足的进步。永正年间（1504—1521）《金创秘传》刊行，其中讲述了先服用恢复精神的药物，再止血、清洗伤口，最后贴膏药的方法，还有如何拔出体内断箭或取出金属残片的操作方法等。然而其中提到的用婴儿粪便治病等方法，从现在的观点来看颇令人生疑。

战国时代南蛮人来到日本后，开始把橄榄油、猪油等用作膏药。著名的南蛮人外科医生路易斯·德·阿尔梅达，还在丰后府内（今大分市）内建造了一座医院。庆长十五年（1610），鹰取秀次（俗称甚右卫门尉）吸收南蛮人的医疗技术，刊行了《外疗细堙》。此外在经常负伤的武士中，也有人开始学习像岛津义弘那样自己治伤的方法。（《上井觉兼日记》）

史料证实，被称为"医目人"的眼科医生的历史也可追溯到平安时代。据《医心方》记载，当时的治疗方法已经不仅限于使用药物（内服、外滴），还用到了针灸。

绘于平安末期至镰仓初期的绘卷《病草纸》中，描绘了这样一个故事：一名自称医目人的男子来给大和国一男子治眼疾，他说针灸法可行，就在病人眼睛上扎了针，结果病人的眼睛非但没好还失明了。

图 6《病草纸》（部分）
出处：ColBase（https://colbase.nich.go.jp/collection_items/tnm/A－1557？locale=ja）

即便针灸能治疗眼疾，也不可能直接往眼睛上扎，所以这大概只是杜撰。要说有人因为点了可疑的眼药水，视力日渐下降的话，还算合常理。所以这或许是在庸医横行的背景下虚构出来的故事吧。

马岛清眼作为日本眼科医生之祖久负盛名。他出生于尾张国海东郡马岛（今爱知县海东郡大治町），是南北朝时期的眼科医生。然而，此人的丰功伟绩只记载于后世所作的关于马岛流的医书中，找不到同时代的其他相关史料。因此也相当于半个传说中的人物了。

战国末期,在侍奉岛津贵久、义久父子二人的上井觉兼所著的日记中,经常出现"名为马岛宗寿轩之眼医"的字眼。尽管马岛流在江户时代才被视为最权威的眼科医生流派,但一般认为马岛流医生早在战国时代就已经开始在全国范围内行医了。

贵族的丧葬

最后进入"死"的部分。中世人临终前会做什么?死后,周围的人又是如何为其送葬的呢?

根据史料记载,日本火葬最早见于文武天皇四年(700),僧人道昭的遗体遵其遗言被实行了火葬。(《续日本纪》)火葬是佛教长期采用的一种葬法,因此"僧人是采用火葬的始祖"这一说法令人信服。

此外,大宝三年(703)持统上皇驾崩后也是火葬。这是日本历史上第一个被火葬的皇族。

关于持统上皇被火葬,井泽元彦认为这是"为了消除死秽",然而并无史料证明那个时代的人们已经意识到了死亡之秽的存在。

当然,无论哪个年代的人们都对死亡怀有恐惧,也对尸体的腐烂感到厌恶。不过，目前还无法确定这种认为"连尸体存放的场所也污秽不堪，出入其间的人也不再干净"的看法（见本书P104）是否在奈良时代就已经出现。

奈良时代之前，贵族死后要停灵。所谓停灵，是指在人死后下葬前，将遗体暂时殓入棺内供人吊唁。这既是由于不舍与死者离别，又是一段祈愿死者能够复活的时间。当时医学尚不发达，对生死的判定也不能确保完全准确，所以大概也发生过假死状态的人在棺材中醒来的事情。因此，通过遗体的腐败、白骨化等判断最终死亡之后，遗体才会被下葬。

停灵的时间短则数月，长则一年以上。如果当时的人真的害怕死秽，那么为了避免死秽蔓延，死后应该会立即埋葬遗体才对。所以从这一点来看，井泽的观点难以成立。

持统上皇被火葬后，与其夫天武天皇合葬在了一处。人们认为持统上皇实行火葬是为了减轻民众负担而有意简化了葬礼仪式（薄葬）。此后，火葬在上流社会逐渐普及开来。到了平安时代，天皇、贵族以及高僧一般都会采用火葬。

此外，随着净土思想的普及，为了死后能去往极乐净土（"往生"），许多贵族在临终前会将五色线一端系在阿弥陀佛手上，自己执另一端念仏诵经。这种做法是由源信在宽和元年（985）所著的《往生要集》中推广而来的。据说藤原道长就是这样，怀着往生极乐之愿仙逝的。（《荣花物语》）

另外还可以看到人在濒死之际皈依佛门，即"临终前出家"的现象。这也是源于人们认为出家人往生极乐的可能性更大。如果人突然死亡，还没来得及出家的话，则会剃掉死者头发，由僧人授戒，进行"死后出家"。

人去世后，遗体会被殓入棺内。前文提及的《融通念佛缘起绘卷》下卷绘有良忍圆寂的场景，卷中还画着为放置良忍遗体而准备的棺材。中世后期以后，入殓棺椁便从卧棺变成了立棺。

入殓前，需先用热水清洗遗体，这被称为"汤殿""沐浴"。不过，大多数情况下并不是对遗体进行全面的清洗，只是形式上用水过过脸。到了中世后期，在禅宗的影响下，给整个遗体沐浴，即"汤灌"的情况有所增加。

清洗过后，便用写着梵文的衣物包裹着遗体入殓。这时，死者的儿子还会把被称为"替偶"的偶人放入棺内。这是为了防止死者把生者也带去冥界，说白了就是替身。

直到镰仓时代，送葬都在夜间进行，棺材用牛车（天皇和上皇则用轿）运到火葬地点。沐浴、入殓、拾骨等送葬的具体仪式由死者亲属或仆人来承担。镰仓时代以后，这些就全部委托给了僧人。

至于建造五轮塔、宝箧印塔等墓塔来作为永久墓碑，其实也是从中世开始的。在平安时代，不少贵族也不过是立个卒塔婆[①]而已。可以说现代丧葬的原型正是形成于中世。

平民的丧葬与污秽

平民死后，又会如何处理尸体呢？一些有条件的农民似乎也会建造宅邸墓实行土葬，但是自古以来一般民众采用的都是风葬，即把尸体放置于山野、河滩等天然形成的墓地后便离开，并不做掩埋处理。

可能会有人觉得这难道不是遗弃尸体吗？但因为在尸体旁也会摆上供品，所以并不能算作是丢弃，而是下葬。

当时既没有奠仪的风俗，也没有念佛会等葬礼互助组织。因此，没有钱操办葬礼的穷人、亲属少的人只能选择将死者风葬。

如果是丈夫先故且无其他亲属的女性，甚至连把丈夫的遗体运到墓地都不是件易事。因为当时并没有近邻帮忙办葬礼的习俗，所以只能雇人。但又没有这个钱的话就真的是无计可施了。在中世前期的说话集中，随处可见因葬夫而走投

[①] 为了供养、追善而立在坟墓等处，上面写有梵文及经文的塔形细长木牌。

无路的女子被僧人所救的故事。

预感到自己死期将至的男性，因为不想自己的葬礼给家人添麻烦，甚至会自己主动前往墓地。这样的故事在中世的往生传中也经常出现。

另外，《饿鬼草纸》中描绘了墓地的景象，其中还能看到风葬。虽说是风葬，但并不是将尸体放置不管，而是放进棺材里或者让其躺在草席上。

不仅仅是《饿鬼草纸》，中世绘卷中描绘的风葬尸体基本上都是赤裸的。因此，有人主张中世的死者是裸着身子下葬的。然而，中世葬制史研究第一人胜田至却批判了该说法。

图7《饿鬼草纸》
出处：ColBas（https://colbase.nich.go.jp/collection_item_images/tnm/A-10476？ locale=ja）

在芥川龙之介小说《罗生门》的原典《今昔物语集》第29卷第18话《罗城门登上层见死人盗人语》中记载着，盗贼抢走了被遗弃在罗生门城楼的"死人所穿之衣"。胜田举出了多个类似事例，主张"中世遗弃的尸体之所以赤裸着，是因为衣服被乞丐等人扒去了"。这个见解很有说服力。

从《饿鬼草纸》中可以看出，没有埋葬的尸体会成为狗或鸟的食物。因此在平安时代的京都，经常有野狗叼着部分尸体溜进贵族的宅邸，造成五体不全秽。五体不全秽指的是由不完整的尸体产生的污秽。与通常的死秽持续30日相比，此秽只持续7日。

胜田指出："虽然人们以'污秽'这一说法，将对尸体的厌恶制度化了。但在该制度最发达的平安时代，将尸体弃之不顾的现象却很常见。"平安京的道路旁，尸体比比皆是，要是在意起来的话就真的没完没了。

对平安贵族来说，污秽还是与工作相关的实际问题，如不能上朝、不能参加神事祭祀等。不过随着时间的流逝，污秽会逐渐消散。著名历史哲学著作《愚管抄》的作者僧人慈圆也留下"吾之死秽，三十日即消，后请一切如常"的遗言。由此可知，井泽元彦认为贵族从心底里害怕、厌恶污秽（《反论日本史》等）的这一理解是错误的。

当然，没有污秽是最好不过的。中世时贵族家的仆人在生命垂危之际被主人赶出家门的例子数不胜数。因为他们害怕宅邸沾染到死秽，同时该举动也因为表现出了贵族的冷漠而广为人知。

自院政期以后，逐渐出现故意在近亲和君主亡故时在场，通过接触其死秽来报恩或结缘的例子。其中最有名的当属白河天皇。他一反惯例将重病的中宫贤子留在宫中（为避死秽，即便是皇后，一旦重病也要被驱逐出宫），甚至在其死后仍紧抱尸首不松手。据说，对此源俊明进谏道"此乃史无前例之事"，而白河天皇断然回之以"如此，则吾创此先河也"。（《古事谈》）

本应为天下最洁净之人的天皇，竟不惧死秽怀抱尸体，这是一段彰显天皇对皇后深沉爱意的佳话。一般认为这种故意接触死秽的行为，与前文故意接触产秽的行为相似。也就是说人们并非厌恶所有的死秽，只是厌恶与自己关系淡薄的，以及身份低下的人所带来的死秽而已。

从12世纪后半叶到13世纪，在全国范围内出现了大规模的公共墓地（火葬、土葬都有）。这些被认为是现今在奈良县等地仍常见的"惣墓"的原型。惣墓也称乡墓，是周边几个村子的公共墓地。前面提到的《饿鬼草纸》中的墓地，有种着松树的盛土冢、修造了卒塔婆和钉贯（栅栏）的石积冢，以及建造了五轮塔和钉贯的石积冢等，可以将之理解为公墓。

到了室町时代，全国各地开始出现小型石塔，可见建石墓的习惯普及到了更低的阶层。

15世纪，东海以西的各地开始建造由一块石头雕刻而成的一石五轮塔，并在战国时代到近世前期广为流行。

据推测，与必须要把代表地轮、水轮、火轮、风轮、空轮的五块石头雕刻规整的五轮塔相比，一石五轮塔制作简单，费用也较低廉。因此，一石五轮塔的建造，也体现了社会更低阶层开始建造五轮塔的事实。不过，就算是一石五轮塔，也需要投入相应的工夫与费用。所以严格意义上来说，它并非庶民之墓，而是上层农民的坟墓。

虽说如此，建造坟墓的阶层等级确实在不断降低。中世与现代果然是一脉相承的。

第二部 中世的交流

中世的宴会

由榻榻米、纸拉门、壁龛等构成的和室，用酱油或砂糖调味的和食……这些日本人生活文化的原型，均形成于室町时代。

如果要用一个词来概括室町文化的特征，那就是"聚会文化"。许多人聚在一起，在轻松融洽的气氛中享受文学艺术。在古代，和歌、管弦等传统贵族文化，都与政治有着密不可分的联系。相比之下，室町文化则更具有自由平等的特性。这或许与当时盛行起义不无关系。（拙著《一揆的原理》）

随着时代的变迁，室町文化的艺术性越来越高，但原本它的娱乐性其实是非常强的。例如，现在茶道的原型——斗茶就出现于该时期。这是一种通过品尝多种事先不知其名称的茶，猜中茶叶异同，获得奖品的比赛。类似于现在的品酒大会，只不过它是鉴茶大会。甚至在进行连歌①的时候，也少不了来一场带赌注的"连歌大赛"。

这种娱乐活动的会场布置（称为"室礼"）也极受重视。人们竖起屏风，挂上唐绘、搭起架子、摆上器具……总之就是追求个别出心裁。现在插花的起源——立花，也是作为房间装饰的一环而发展起来的。

*

在以上这些赌博性质的游戏中，酒自然必不可少，饮酒后咏和歌。连歌会结束后又是一场酒宴：先敬杯酒，随后开始斗茶，颁发奖品后接着饮酒。用现在的娱乐生活来比喻的话，就好比在高尔夫比赛后，要举行颁奖典礼、开庆祝派对一样。

武士、贵族和僧人等室町时代的上流阶级，每每聚在一

---

① 最初是一种由两个人对咏一首和歌的游戏，始于平安时代末期。当时，连歌作为和歌的余兴而盛行于宫廷，后又广泛流行于市民阶层，成为大众化的娱乐项目，并出现了5韵、100韵的冗长连句，即所谓的"百韵连歌"。

起就要举行酒宴，甚至令人不禁猜想，或许他们就是单纯想一起饮酒了才策划的连歌会和茶会。从这层意义上来看，"酒宴催生了室町文化"的这一看法也不是没有道理。

*

当然，办宴会早在上古时代就已经出现了，并非室町时代才有的习惯。但是在室町时代，上流阶级的人们夜夜盛宴，宴会上的饮酒量与古代相比，完全不是一个级别。当时还会举行谁喝酒喝得快的比赛，如莺饮①、十度饮②等。所以在酒席上呕吐、醉得不省人事的人并不少见。真正称得上是"无尊卑酒宴"。

据说，我们极为熟悉的"宿醉"一词也是诞生于这个时代。当时也经常有人会因为宿醉，而在关键时刻失约、缺席等。

战国时代在日本游历的基督教传教士路易斯·弗洛伊斯

---

① 日本的一种饮酒游戏。每人倒 10 杯酒，5 杯为一组，摆为梅花状。先喝完者即为赢家。
② 日本的一种以团队为单位的饮酒游戏。每队 10 人围坐在桌子旁，将 10 只酒杯放在桌子中央。游戏开始后，第一个人从中间拿起酒杯用酒壶倒酒喝，喝完 10 杯后再将酒壶、酒和酒杯交由邻座，邻座接着再喝 10 杯……直到第 10 人喝完。先喝完的队伍即为赢家。

曾记述道："与欧洲人不同,日本人非常热衷于互相劝酒,而且还不以喝醉为耻反以为荣。"(《日欧文化比较》第6章第36条)回顾室町时代以及现代日本人耍酒疯的情况,弗洛伊的这一记述不见得都是对异教徒的偏见,反而很有可能是事实。

最近,经常听到关于"年轻人不爱喝酒"的议论,甚至出现了"饮酒骚扰"这个词。或许我们是时候去寻找一种全新的交流以及与人亲近的方式,来取代室町时代流传至今的"酒桌社交"了。

第二部分中,笔者将探究与当今生活相通的中世"交流"、人际交往的历史。

中世的寺社巡礼

最近,巡游各个神社寺院以收集御朱印的年轻女性似乎越来越多,就连NHK的新闻节目也以《御朱印girl》为题报道了这一现象。然而,网上也有人批评道:"像集邮一样去集印,真的合适吗?!"

笔者并无意替这种行为开脱,但寺社参拜的娱乐化确实并非始于现在。在江户时代,幕府和各藩虽然严格限制民众,尤其是农民的长期旅行,但对出于信仰的参拜行为却比较宽容。因此，那时人们都打着参拜，特别是参拜伊势神宫（伊势参宫）的幌子，行旅行之实。

为迎合那些表面虔诚、实则动机不纯的参拜者的需求，别说主要道路上，就连神社和寺院的门前都开起了茶馆和游女屋（青楼）。交通史学界泰斗新城常三在其巨著《新稿对社寺参拜的社会经济史研究》中慨叹道："如此神圣之地的大门之前，竟变成了浪荡街巷。"

*

然而，要想从关东地区出发参拜伊势神宫的话，往返共需 30 天，其旅费可不是普通庶民能轻松拿出的。因此许多人便聚在一起筹钱，用作几名代表的参拜费用。这样连续几年或隔几年组织一次，每名成员就都能在一生中参拜一次伊势神宫了。这种组织被称为"伊势讲"[①]，直至今日，有些地方仍然留存着这一做法。

"伊势讲"在江户时代非常有名，但其实它在中世就已存在。室町时代在朝廷任职的外记局官员中原康富就是"神明讲"（伊势讲）中的一员。其成员（讲众）以外记局、辨

---

① 又称"伊势参拜团"，日本以参拜伊势神宫为目的而结成的团体。

官局官员为主，对康富来说他们相当于自己的上司、同僚和部下等。每月25日，就会有20名左右的讲众齐聚在会首家，共同筹集参拜费用。

*

不过中原康富等人似乎不是指派代表，而是全员一起去参拜。据康富的日记《康富记》记载，应永二十九年（1422）四月十三日，他们聚集在会首家斋戒，然后在第二天离开京都，十六日抵达伊势外宫的门前町——山田，当晚留宿在熟悉的旅店。十七日参拜完伊势内外宫后踏上归途，最终于二十日返回京都。当日为庆祝旅途顺利，他们还在会首家举办了宴会，宴后即各自散去。整个过程就像是一次七天六夜的团建旅行。

康富等人的集体旅行活动不限于此，他们还会每月举办当日往返的寺社巡礼。也就是七观音参拜，即在一日内巡游完零星分布在京都东山周围的七个观音道场：六角堂（顶法寺）、革堂（行愿寺）、河崎观音（感应寺，今清和院）、中山观音（吉田寺，今金戒光明寺）、长乐寺、清水寺、六波罗蜜寺。原则上每月在观音的缘日即十八日这天参拜，但如果碰上雨天就会推迟。

七观音参拜的习俗早在12世纪就已出现，于室町时代最为盛行。康富一行人的七观音参拜中颇有意思的一点在于形

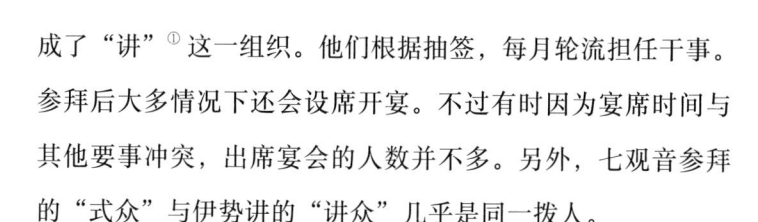

成了"讲"①这一组织。他们根据抽签，每月轮流担任干事。参拜后大多情况下还会设席开宴。不过有时因为宴席时间与其他要事冲突，出席宴会的人数并不多。另外，七观音参拜的"式众"与伊势讲的"讲众"几乎是同一拨人。

尽管史料中没有记载，但康富一行人就算是集到了御朱印也不足为奇。他们说不定曾经还是"御朱印 boy"呢。

中世的庆生会

在日本，直到 2018 年，12 月 23 日还一直是天皇诞生日。如果是出生于二战之前的日本人，应该都还记得天皇诞生日在战前被称为"天长节"。

"天长节"并非是明治政府创造出来的，它其实始于天宝七载（748）的中国唐朝。这一年，唐玄宗将自己的生日定为"天长节"，举国欢庆。日本效仿这一做法，于宝龟六年（775）十月十三日，将光仁天皇的生辰也命名为"天长节"，与朝廷百官共同庆贺。

---

① 以宗教信仰或经济利益为纽带的共同体。

不过在宝龟十年进行了第二次庆祝活动以后，天长节的名字就再也没有出现在相关记载中了。直到明治时代，才又回到人们的视线。

或许是受此影响，学界普遍认为近代以前的日本人并没有每年庆祝生日的习惯，庆生应该是从明治之后才从西方引入日本的。但其实江户时代就已经有了关于庆祝生日的少量记载，但由于事例较少，并没有引起关注。

"过完生日长一岁"的年龄计算方法是在二战后才被制度化的。在此之前日本人采用的都是"过完年长一岁"的算法，所以在当时，生日的意义并没有现在这么重大。这大概就是庆生的习惯一直没能在民间普及的原因。

近些年，鹈泽由美全面研究了近世的生日活动，发现上自天皇、将军，下至庶民百姓，庆生时都会吃年糕和红小豆糯米饭。那么，中世又是如何举行庆生活动的呢？

关于这一点，最近笔者的前辈木下聪发表了一篇题为《中世时的生日》的论文。据该论文所述，禅僧们常为金阁寺的建造者、室町幕府第三代将军足利义满举行"生辰祈祷"。鹈泽指出，中近世日本庆生活动的核心似乎就是由僧人进行长寿祈祷。在祈祷的同时，义满还会和禅僧们进行禅学问答。

木下认为，生辰祈祷原本始于禅宗文化圈，后来是由于足利义满大费周章地为自己组织生辰祈祷，才使其最终变成了将军家的正式活动。他还进一步推测道，应该也是以此为契机，生辰祈祷进一步普及到了大名以及公家当中。

有趣的是，虽然足利义满的生日是 8 月 22 日（近卫道嗣的日记《愚管记》等中已证实），但他不仅在这一天，而且在每月的 22 日都会举办庆生会。享德三年（1454）关东地区的《镰仓年中活动》中，记载着镰仓公方（幕府将军为统治关东地区而设置的长官，由足利一族担任，见本书 P61）每月的生日活动（祈祷、酒宴等）。据该史料记载，在生日当天，一整天都会设酒宴。

也就是说，除生日当天外，每月的同一天也会有庆祝活动。

据笔者推测，这么做可能是为了与忌日相对应。因为在中世，人们不只是在祥月忌日[①]，而是在每一个月忌日[②]都会认真地进行祭奠。如此看来，要进行诵经与祈祷等活动的中

[①] 死者去世的月份日期。如 3 月 20 日去世，则 3 月 20 日为祥月忌日，每年仅 1 次。"祥月"指死者去世的月份，3 月 20 日去世之人的祥月为 3 月。
[②] 死者去世的日子。如 3 月 20 日去世，则每月 20 日均为月忌日，即每年 12 次。

世庆生会，或许也曾是一种"佛事"。

中世的新年

各位读者朋友都是如何度过新年的呢？想必大部分人都是阖家团圆、走亲访友吧。

那么，中世的人们是怎样过年的呢？接下来，室町时代的官人①——中原康富将再次"现身说法"。

文安五年（1448）正月初一，康富首先沐浴净身、拜佛诵经。接着在给母亲拜过年后（父亲已逝），将家里人齐聚，共庆新年。

此外，这天康富还要去清原业忠的府邸拜访，给他拜年。因为当时康富是权大外记②，而业忠是局务大外记，相当于他的上司。康富一族代代侍奉清原氏，这侧面反映了当时存在着给主君拜年的习俗。尽管如今的礼仪书中写着"元旦是与家人团聚的重要时光，请尽量不要登门拜访他人"，

---

① 日本律令制中六品之下、主典之上的官员。
② 日本律令制中太政官少纳言下属的高级书记官。审查内记所起草的诏敕文件等。

但当时的朝廷官员都是从元旦开始就到处走动，忙得不可开交。

*

说起来，当时还没有"官署年末停止办公""官署年初恢复办公"这样的概念。因为正月初一就要举办"元旦节宴"。当天，群臣向天皇行过朝贺之仪（当时行的是代替朝贺的简式小朝拜）后，天皇便召集群臣举行元旦节宴，康富也会参加。

也许读者们会觉得新年第一天就有宴会，会很快乐吧。但其实这只是年中活动的"开胃菜"，其后规矩繁杂的仪式还有很多。实际上，室町时代的朝廷业务多半都是这种活动和仪式。节宴结束后，回到家中的康富在日记中写下了"余甚怠！"对他来说，这仅仅只是"工作"罢了。

*

与康富相反，不用参加节宴的皇族伏见宫贞成亲王，每年元旦都会在自己的府邸之中优哉度过。首先，晨饮白散。这是为祈祷新的一年身体康健而在元旦这天服用的一种药粉，需混入酒中饮下。简单讲就是"屠苏酒"。然后，吃一碗红小豆糯米饭。接下来，召集家人和家臣举办宴会。与皇宫不同，亲王家的宴会非常有趣。不过，家臣中也有人为了参加元旦节宴而不得不早早离场。"社畜"不管在任何时代都一样悲哀。

贞成亲王还是伏见庄的庄园领主,所以小川禅启等伏见庄的沙汰人(管理员)也会在元旦这天来拜年。只是他们身份卑微,无法踏入屋内,只能在院子里拜年(以上摘自贞成的日记《看闻日记》)。

那室町幕府的将军又是怎么过年的呢?足利义满自从把将军一职让给儿子义持之后,每年的正月初二,都会造访管领(辅佐将军之人,幕府"二当家")家,并受到款待。这被称作"御成始"。

义满死后,到了义持的时代,将军在正月里造访诸大名的正月御成逐渐成为惯例:初二去管领家、初五去畠山家、十二日去斯波家、二十日去赤松家、二十二日去山名家、二十三日去细川家、二十六日去京极家。十八日去相国寺鹿苑院等寺社御成也是惯例活动。

在中世日本,拜年是人们加强人际关系的重要交流活动。

中世的外国人

此前介绍的都是日本国内的情况,本篇将主要介绍国际间的交流,尤其是最近常常成为热门话题的日本和朝鲜半岛之间的交流。

江户时代，朝鲜王朝（李氏朝鲜）曾派遣使节到访日本幕府。这一事实被载入了日本高中的日本史教科书，许多日本人都知道。但其实，"朝鲜通信使"早在室町时代就曾到过日本，承担了沟通朝鲜国王和日本室町幕府将军（"日本国王"）的外交任务。

不只外交，朝鲜通信使还肩负着侦察日本国情的任务。正长元年（1428），朝鲜通信正使朴瑞生到访日本，回国后详细报告了在日期间他的所见所闻。此报告就被收录在《朝鲜王朝实录》中。

在此列举其中的一条。"在日本的市场上，商人会在房檐下用木板搭起架子，将商品摆放在上面。这样一来，商品就不会沾染到灰尘，也更方便买家挑选。而在我国市场上，连鱼肉等食物都摆放在地上卖，很不卫生。我们应该向日本学习"。

另外他还注意到日本人喜欢泡澡，街上开有很多钱汤（澡堂）。他还对农村的水车感到惊奇，调查了其制造方法。

这类与生活风俗相关的信息，在日本的史料中几乎没有记载。因为对当时的日本人来说，这些都太过稀松平常，很难让他们萌生出将其特意记下来的念头。因此，外国人所写的日本观察记就具有很大的价值了。《朝鲜王朝实录》虽然是朝鲜王朝的历史书,但同时也是了解日本史所必需的史料。

应永二十六年(1419),朝鲜王朝攻打了倭寇老巢对马岛(应永外寇)。第二年,为修复因这场军事冲突而紧张起来的日朝关系,宋希璟(号老松堂)作为使者被派到了日本。他的诗文集《老松堂日本行录》记录下了他在9个月间往返汉城(今首尔)与京都的旅程。这本书是外国人所著的最古老的日本纪行,从中还可以看到他与日本僧人在汉诗方面的交流。

对于来自儒教国家朝鲜的宋希璟来说,印象最为深刻的异文化体验就是佛教的兴盛。"削发居寺者,倍于凡人"。笔者认为这番记述虽然有些夸张,但想必其数量也足以让他这个外国人担心"全是僧人,难道不会劳动力不足吗?"

此外宋希璟还惊讶于日本街头妓女数量之多,甚至青天白日也"开张营业"。男色的盛行也令他瞠目结舌。看来,中世日本开放的性风俗对恭谨老实的朝鲜官员来说,似乎太过刺激。

日本的性风俗,也震惊了江户时代访日的朝鲜通信使。享保四年(1719)来日的通信使之一申维翰,在回国后写了一本日本见闻录《海游录》。

申维翰也同样无法理解日本妓院众多这件事。他尤其惊愕于日本男妓的数量，并在书中写道，争抢美少年比夺人妻妾还难。

由此可见，朝鲜作为儒教国家，对性道德的要求非常严格，这与"不拘小节"的日本恰好相反。这类外国人所写的日本见闻录，在文化比较研究中，具有十分重要的史料价值。

中世的集体生活

在现代社会，很多人可能都有过在学生或员工宿舍与朋友同吃共住的经历，但这终归只是暂时的集体生活。而在中世有一个地方，一旦踏足，终生都要过强制性的集体生活。它就是寺院社会。

从平安末期开始，僧人的腐败堕落（恶僧）现象日益严峻，寺院社会越来越为人们所厌恶。因此从镰仓时代到南北朝时期，为提高僧人素质、重获世人的信赖，佛教界内部掀起了一场改革运动。

说起提高僧人素质，或许有人会认为是要进行格外严厉的修行。然而这次佛教改革运动的根本在于，让僧人过上规律的生活。

西渡（中国）南宋学习禅宗的荣西，对南宋禅院严格遵守不非时食戒的行为大为震动。不非时食戒是一项少欲知足的规定，即严禁僧人在非时（正午至第二天早晨）期间进食。通过抑制诸多欲望中最为基本的食欲来消除烦恼，这是佛教自古以来的教义（《卧云日件录拔尤》），但当时的日本寺院并不重视。

荣西在宋期间起草了《出家大纲》并于回国后正式发表，主张僧人的饭食应限定为一日两餐，即早晨的小食（粥）和午饭。另外，他还在建久九年（1198）所著的《兴禅护国论》中规定，除饮食外，僧人要在固定的时间一起坐禅、读经、做学问等。荣西希望通过彻底的集体生活，谋求规矩的维持与改善。

以集体行动为原则的思考方式，逐渐广泛渗透进了日本禅院。历应二年（1339），因足利尊氏皈依其门下而闻名的禅僧梦窗疎石，为临川寺三会院（京都市右京区）的弟子们制定了行为规范（即《临川家训》）。他规定僧人最多只能在自己的房间里待七日，也就是休假的上限为七日；如患疾，则必须在指定场所——延寿堂疗养。这完全限制了个人自由。

理想与现实背道而驰本就是世间常态。永和三年（1377），梦窗疎石的高徒义堂周信对弟子进行了如下布道："人做事时，如一早做好准备，则顺风顺水。古人也常言'寅时（凌晨3点—5点）起，做准备'。可尔等呢？闻晨钟促醒之声，仍未见有人起床洗漱。待食早膳的太鼓作响，才匆忙洗手漱口。实乃懒惰至极。恳求尔等多多上心吧。"（《空华日用工夫略集》）

对义堂的弟子们莫名生出亲近感的，应该不只笔者一人吧。

中世的接待

提起交流，给人的印象一般都是正面积极的，但也会有一方认为是愉快的交流，另一方却因费心劳神而苦不堪言的情况。其中典型的例子，就是当我们接待上司或长辈的时候。

*

在日本，自古就有接待文化。古代有一种名为"供给"的接待，即新任国司从京都前往武藏国、越前国等赴任时，当地的下属官员们对其进行的接待。

首先，当地的官员们需在国界处迎接国司，互致问候。接着举办欢迎宴，这被称为"境迎"（酒迎）。国司到达国府（掌管地方行政的政府机关）后，会再举办正式的欢迎会——"落付"。这场宴会将持续三天三夜。因为是地方官员招待来自中央的官员，算是名副其实的"公款接待"了。

进入中世后，庄园遍布全国，国司、庄园领主、地头等为了检注（调查耕地）、春季劝农（指导耕作）、秋季收贡（征收年贡），会向庄园派遣名为代官的使者。代官在庄园停留期间，也会受到接待，尤其是代官上任时，会举办三天三夜的盛大宴会，名曰"三日厨"。另外，有些庄园在除赴任外的其他时间也会举办三日厨。

中世的人们一日两餐，但在三日厨的那三天，还会供应被称为"昼椀饭"的午饭。三日厨结束后，还会举办"平厨"，即平常的宴会。除了宴会费用外，庄园的百姓们还要负担纸笔费、柴火费、使者们所骑马匹的饲料费等杂费。代官回去时，还要再向其赠送纪念品。这也就是所谓的"包含食宿费、交通费及土特产的招待"。

*

有一些代官会利用这一风俗，滥用职权。阿弖河庄上村的百姓就曾向庄园领主写告发状（《高野山文书》），控诉地头代（地头代官）的恶行，因其中包含有"割耳、削鼻"等颇具冲击性的语句，该告发状在日本广为人知。告发内容之一就是地头代们一直赖着不走。他们不请自来，在村子里威胁村民们"如果不缴完年贡，就再住个几十日"，还强行要求村民们设宴款待自己。

建武元年（1334），备中国新见庄（今冈山县新见市）迎接国司使者，使者一行竟达83人之多（《东寺百合文书》），这明摆着是要抢劫敲诈。

像这样没有什么必要却大批人"下乡扰民"的事例，并非个例。应永七年（1400），若狭的渔村多乌浦和汲部浦（今福井县小滨市田乌的钓姬渔港）的百姓向庄园领主抗议道："送御书的话派一名使者就足够了，我们会按时足量上贡海产的，请不要再派那么多人来了，纯粹是添麻烦。"（《秦家文书》）

网野善彦在引用折口信夫研究的同时，认为这样的接待源于一种待客礼，即当时的集体会把来自外部的来访者当作神（"宾"），并为其提供食宿。笔者认为延续至今的遍路"御接待"①等接待礼仪是一种极好的文化，但希望这种强迫招待的恶习能够消失。

---

①1200年前，空海大师为消除人世间的灾厄，在他的故乡四国翻山越岭地开设了88座寺院。后人为坚守信仰、找寻自我，便追随他的足迹开始巡礼88寺，于是便有了"遍路""四国遍路"之说，他们也被称为"遍路者"。"御接待"是四国当地人对遍路者提供无偿帮助的一种古风，会给予食物、金钱、搭便车，或提供住宿。

中世的游戏

2015 年，在东京国立博物馆举办的"鸟兽戏画京都高山寺至宝"特别展上，展出了国宝《鸟兽戏画》（高山寺本）。画中兔、猴、蛙等动物嬉戏打闹的诙谐场面令人忍俊不禁，是了解当时游戏的珍贵史料。

高山寺本甲卷中，描绘了猴子搬着双六盘的模样。盘双六①与向着终点不断前进的绘双六②不同，它是一种一方执白棋、一方执黑棋的对抗性游戏。虽然高山寺本中缺失了有关此游戏的后续，但根据长尾家旧藏摹本，该图后接的应该是兔子和猴子正在下围棋的场景。

*

双六和下围棋从古代开始就深受贵族青睐，不久之后也在武士当中流行开来。从平泉柳之御所遗址中，就发掘出了

---

① 起源于埃及或印度，奈良以前传入日本的一种室内游戏。盘上各置 15 枚棋子，一方为白、一方为黑，通过从筒里推出的 2 枚骰子的点数来行棋，全部棋子先进入敌阵一方为胜。
② 兴起于江户时代，在纸上绘多幅游戏图，数人靠摇出点数来行棋走过游戏图，以最先"升官"（到终点）者为胜。

图 8 《鸟兽戏图》
出处：日本国立国会图书馆

双六棋子和围棋子。柳之御所就是那位曾庇护过源义经的藤原秀衡的居所。

寿永二年（1183），源赖朝的重臣上总广常和赖朝亲信梶原景时一起玩双六。在游戏正酣之际，早早接到赖朝密令的景时将广常当场斩杀。（《愚管抄》）恐怕当时广常正专注于双六，才没有注意到对面的杀意。

成年人如此沉迷双六看似奇怪，但其实是因为他们所玩的双六是有赌注的赌博游戏。镰仓幕府屡次发布赌博禁令，将双六和四一半（现在丁半赌博①的源头）等一同加以管制。

围棋似乎也有赌博的成分。"中世的新年"中提到的伏见宫贞成亲王在日记《看闻日记》中写道"围棋、双六回打。出悬物"等话语。回打，是指多人交替进行对战；悬物，指胜者赢得的奖品。

在兼好法师的随笔《徒然草》第111段中出现了一位僧人，他批判围棋、双六成瘾之人该遭报应。可见带赌注的围棋、双六就是一种赌博行为。

*

不仅成人，孩童们也很喜欢下围棋。文安元年（1444）五月，细川胜元（当时虚岁15，后在应仁之乱中成为东军大将军）在旁观香西和前田这两名小姓②下围棋时，因为出言帮了香西，受到了前田的指责。愤怒的胜元赶走了前田，结果前田拿了把刀回来，想砍胜元。据说武艺更胜一筹的胜元轻而易举地夺刀制服了前田。（《建内记》）

都说围棋比赛是旁观者清，但从古至今，只要是旁观者干预了对弈的都不受待见。

---

① 下注押两骰子数之和的奇偶。偶为"丁"，奇为"半"。
② 武家的职务名，江户幕府在"若年寄"的管理下，在将军身边担负杂役。

中世的书信

电话、传真，还有短信。随着通信手段不断发展，我们早已不再像以前那样写信了。话虽如此，给重要的人传达重要的事情时，写信仍然是最郑重的方式。

不过，如今应该有不少人觉得写信是件棘手的事情吧。笔者也属其中之一。虽心里念着一定要快些写完，但总会因胆怯而迟迟下不了笔。特别是写给长辈的信件，在遣词用字上必须非常谨慎，令人心理负担极大。

在中世社会，根据写信人与收信人的身份差异，各自应该使用的词句也是大有讲究的。这被称为"书札礼仪"。中世的身份，也就是上下关系，基本是由官位高低决定的。有时也会考虑到其他因素，情况相当复杂。下面举一个例子具体说明。

*

应仁三年（1469）四月四日，京都的日野胜光给奈良兴福寺的僧人经觉写了一封信。信中胜光告知经觉，朝廷决定任命其为兴福寺别当[1]。信的最后写道"恐恐谨言",这与现代书信中所用的"敬具""谨白"等相同,都是向对方表示敬意的词语。

同寺僧人寻尊得知此事后,愤慨道:"日野胜光当上大臣就开始用'恐恐谨言'了,真是岂有此理!明明以前万里小路时房当上大臣后用的还是'恐惶谨言'。"(《大乘院寺杂事记》)"恐恐谨言"虽比"谨言"稍显礼貌,但程度却不如"恐惶谨言"。日野胜光因为晋升为了大臣,降低了礼貌用语的等级,被认为是"没有礼数",招致反感。

*

为何明明当上了大臣,却仍不能使用"恐恐谨言"呢?其原因或许可从寻尊下面的这句牢骚中看出一丝端倪:"不单是日野胜光,最近名家的大臣都开始用'恐恐谨言'了。"在当时公家的世界中,门第有明确的等级之分(从高到低):摄关家、清华家、羽林家、名家、其他。

出身名家的公家,本来最多只能晋升到大纳言或中纳言[2],但由于名家人是负责朝廷实务的官员,所以其中的佼佼

---

[1] 日本东大寺、兴福寺等总掌寺务的僧官。
[2] 日本律令制下的官职名。分别为正三位、从三位。

者能成为上皇或摄关的亲信而深受重用，在政治层面发挥重要作用。因此，即便出身名家，也有人能晋升为大臣。万里小路时房就是其中之一。

但是，遁入佛门的经觉（九条家出身）和寻尊（一条家出身）出身自最高级贵族摄关家。从他们的角度出发，名家不过是"飞上枝头变凤凰"罢了。经觉在日记中写到胜光，"身为家臣，书信却如此无礼"（《经觉私要钞》）。由此可见，名家是摄关家家臣的这层关系，就算是晋升为大臣也不会改变。

在那个时代，如果因为被粗鲁的信件所冒犯，收信人通常会以不写回信来表达自己的不满。（《满济准后日记》等）但经觉还是忍住怒气，回了信。

这大概是因为日野胜光是当时幕府将军足利义政的正室日野富子的兄长吧。所以经觉无力谴责权势家的无礼，只能写日记发泄。

中世的赠礼与回礼

每到中元节等节日，很多人都会为送什么礼物而烦恼。不过相比现代，室町时代有更多需要互送礼物的机会，其中最主要的就属八朔了。

八朔是"八月朔日"的略称，每年旧历①八月一日或其前后，人们都要互赠礼物，这种风俗被称为"凭"。据中原康富的日记《康富记》记载，这一风俗始于后鸟羽上皇（因掀起承久之乱而闻名）统治末期。

另外据《吾妻镜》载，宝治元年（1247）八月一日，幕府下达了本年禁止八朔赠礼的命令。或许是受了镰仓六月宝治会战的影响。总之，由此可见，这个时候八朔赠礼就已经普遍化了。

八朔赠礼的起源虽不甚明了，但民俗学研究认为它应该起源于农村社会的风俗习惯。因为那时正值早稻成熟，农民之间会互赠初穗（当年首次收获的稻米）。

南北朝时期博学多识的禅僧义堂周信也认同这一观点，认为"'田实'（米）和'凭'之间似乎有着某种联系"（《空华日用工夫略集》）。也就是说，给平素帮助过自己的人送去"田实"（"田の実"，假名为"たのみ"，意为"成熟的稻粒"），以拜托（"憑む"，假名为"たのむ"，意为"恳求"）对方日后也多多照拂。不过，据说义堂也不知道这种

---

① 日本1872年（明治五年）采用公历之前使用的历法。

说法有何根据，他对固守这种来历不明"俗习"的贵族们嗤之以鼻。

在上流阶级，八朔的时候不会互赠稻米。要说送什么的话，种类就非常丰富了。除了瓜、茄子、莲藕、毛豆、砂糖、茶叶等饮食物外，也有送长刀、纸张、屏风、扇子、香炉、蜡烛等物品的。收礼人当然也必须回礼，所以似乎还有经济条件不好的人会因回礼而苦恼。

将军、天皇等掌权者肯定会收到很多礼物。因为武士和贵族为了接近他们，都会以八朔为借口送去豪华礼物。

那么，当权者又是如何应对礼物攻势的呢？据说，室町幕府的初代将军足利尊氏把八朔收到的礼物全部送给了别人，到了傍晚一件都不剩。（《梅松论》）其弟直义则只收下了贴身侍奉者所送之物。（《光明院宸记》）

这则逸事非常有名，因为它表现了两兄弟迥异的性格：尊氏大气，而直义清廉。但直义拒收八朔礼物，不仅仅是因为他厌恶贿赂。据田中奈保说，这是出于当政者的考虑。他试图通过以身作则拒收八朔礼物，使人们不用再苦恼于置办礼物。这一行为可以说是为实现"德政"而实施的一种"政策"。

实际上，镰仓幕府曾多次颁布八朔禁令。上述宝治元年的禁令也是其中之一。室町幕府第四代将军足利义持也禁止除亲属和亲信等一部分人外，其他人给自己送礼。这些赠礼禁令可以理解为一种节约令。准确来说直义的行为就是重视朴素节俭的中世武士的一种行为典范，并不像以前一直说得那样特别。

然而，尽管直义和义持禁止了八朔赠礼，八朔这一风俗却并没有消失。上一篇中介绍的寻尊和经觉，即便在应仁之乱期间，也没有停止八朔赠礼。也许日本人喜欢送礼已到了深入骨髓的地步吧。

中世的表演艺术

近几年的夏天多酷暑，这对怕热的笔者来说实属难熬。但与此同时，也有不少人期待着烟花大会与盂兰盆舞。

"盂兰盆节"，是一项祭祀亡灵的活动，于旧历七月十五日前后举行。主要是把祖先的灵魂迎进家中好生供奉，然后再送归极乐世界。

早期过盂兰盆节时，人们通常会在灵前供奉祭品，还会念经诵佛。然而到了15世纪，念佛舞开始在全国范围内传播开来。起初这只是一项宗教性质的活动，目的是超度祖先的在天之灵，后来逐渐变得更具娱乐性，发展成了盂兰盆舞。

*

盂兰盆节除了舞蹈，还有各式各样的节目。兴福寺僧人经觉在日记中详细记述了在一个叫作古市村（今奈良市古市町）的村庄里举行的盂兰盆节。在此简单介绍一下。

据记载，化装游行在其中占很大比重。村里的人们或戴上鬼面具，或扮成白鹭跳舞（鹭舞表演至今仍出现在祇园祭中）。也有扮作雪人的，当然不是真雪，而是有人在纸糊的"雪人"之中。

另外，还有个叫"卖物"的节目。（《经觉私要钞》）关于这项节目，目前说法不一，有人认为"可能是乐器"，也有人认为"可能是行商的队伍"等。

*

当笔者看到这段表述时，脑海中浮现出《太阁记》里描绘的一个场景。文禄三年（1594）六月，丰臣秀吉及其麾下的诸大名逗留在出兵朝鲜的基地肥前名护屋城（今佐贺县唐津市）。秀吉为了解闷，便在瓜地里举行了变装大会。据说秀吉扮成了卖瓜小贩，德川家康则扮成了卖箩筐（筐、笼屉类）的。

由此看来，"卖物"或许指的是装扮成小贩的队伍，而且这个节目的重点在于再现小贩的叫卖声，就像秀吉对诸大名像模像样地叫喊"美味可口的瓜哟，快来尝尝吧"那般。

在现代，虽然很少看到走街串巷卖东西的小贩，但要说起竹竿店"竹子～卖竹竿啦～"、烤红薯店"卖烤红薯咯～"

等叫卖声，恐怕大家都不会感到陌生吧。别具一格的叫卖声，是小贩们卖东西时不可或缺的技巧。

在落语中，也有很多模仿卖纳豆、蚬贝、金鱼等的场景。重要的还是叫卖声，表演者通过夸张地模仿小贩的叫卖声，来取悦观众。

15世纪诞生的这一演绎无名小贩的艺术，实则象征着平民的崛起。

中世的导游

近年来受团块世代[①]集中退休的影响，老年人的旅游需求不断增大，甚至在报纸上，也经常能看到有导游全程陪同的老年人旅游广告。

导游的历史可以追溯到平安时代后期。当时贵族间盛行熊野参拜，出现了引导人们祈祷和参拜的僧人，人称熊野御师。中世时参拜地越来越多，但其中最具人气的还是伊势神宫，那时活跃着许多伊势御师。"中世的寺社巡礼"中提到

---

① 指日本战后于第一个生育高峰期——1947年至1949年出生的群体。这些人被认为是20世纪60年代中期助推日本经济腾飞的主力。

了中原康富等人参拜伊势神宫，当时他们就是住在御师经营的旅馆中。

起初，参拜者（被称为"道者"）与御师的来往仅限于参拜之时，但最终两者形成了一种永久的师檀关系，即参拜者成为御师的"檀那"①（檀家）。此后，御师便每年都会去檀家转上几圈，送去大麻符（驱邪的道具）、护身符、折扇、历书等特产。同时，道者也会回赠称为"初穗费"的谢礼。

*

这种师檀关系会世世代代延续下去，檀那一方是不能随意更换御师的。虽然这听起来很不合理，但即使在今天，或许也会有公司规定"本公司的员工旅行必须委托给这家旅行社"。不仅如此，御师甚至可以把向檀那提供服务的权利卖给其他御师。例如 A 御师如果把对 C 檀那的权利卖给了 B 御师，那么今后 C 就得仰仗 B 御师而不再是 A 御师。另外，这种买卖合同被称为檀那卖券（若是伊势御师，则为道者卖券）。

道者卖券上经常写着"××之里一円"，这说明该御

---

① 成为某寺院的信徒并进行施舍等，请求为其作葬礼、法事等的人家。

师已经将当地的居民全部变成了自己的道者。简而言之，这名御师形成了一种自己的"势力范围"。正因为如此，有的道者搬家后，就会慢慢与御师疏远，关系随之断绝。所以，为防止搬家的道者在移居地跟随另一个有"势力范围"的御师，道者贩卖券上大多写着这样的条款："即便（我的）道者搬至他地或他国，本契约仍有效。"

*

江户时代初期的庆长十年（1605），伊势国山田町颁布了《御师职式目》全17条，就道者的归属制定了规则，为解决御师们因互相争夺道者而发生的争端提供了依据。

其中，第10条颇为有趣。据此规定，当有受害御师举报有人将自己的道者擅自写在卖券上贩卖之时，若卖主有御师资格，则卖主必须以与卖价相同的价格买回道者，并将其还给原来的御师。但如果卖主没有御师资格，那买主只得将道者无条件还给原来的御师，自认倒霉。所以《御师职式目》上明确写着：买主应在查明卖主是否为御师后，再行购买。也就是说当时存在一种欺诈行为，有不是御师的人擅自贩卖道者。

第11条与第10条类似。规定御师在贩卖道者时，如有其他御师的道者混杂其中，则禁止在卖券上写上"一円"来贩卖。

这个时代的御师一味热衷于势力范围的买卖，似乎失去了对道者，即游客的款待之心。

中世的旅游

先为大家介绍一部有趣的游记——《家久君上京日记》。在织田信长和丰臣秀吉那个时代，萨摩岛津氏族的当主是岛津义久。他有义弘、岁久、家久三个弟弟，人称"岛津四兄弟"。《家久君上京日记》正是四兄弟中的小弟岛津家久的游记。

天正三年（1575）二月，岛津家久从萨摩国串木野（今鹿儿岛县的市来串木野市）出发，环游京都、伊势神宫、奈良等地后，于同年七月二十日返回。记录这段约五个月旅程的游记，就是《家久君上京日记》。在江户时代之前，如此大型的旅行日记实属罕见，该书堪称了解当时的交通、生活、风俗习惯、文化、社会以及政治形势等的不可或缺的珍贵史料。

*

岛津家久此行的目的是什么呢？据《家久君上京日记》记载，岛津一族连胜数场战役，顺利统一萨摩、大隅和日向（今鹿儿岛和宫崎两县），受到了神佛庇佑。为表感谢，家久才决定去参拜伊势神宫、京都的爱宕山等大寺庙和神社。

　　但是，这些话不能只看表面。即使在今天也是如此，寺社参拜不一定只是出于宗教原因。想必，家久的参拜之旅也有想去京都观光的意思在吧。因为当时在九州南部岛津氏族领国中，广泛传播着连歌、插花等京都文化，而岛津一族也一直在积极地吸纳京都的先进文化。事实上，环顾家久这段旅程，会发现他巡游了各地的歌枕（著名和歌中吟咏的名胜古迹），在京都期间还多次和以里村绍巴为首的京都文人们开了连歌会。

*

　　二月二十日，家久从居城串木野城出发。他的母亲、妻子等人前来送行，在山脚修建小屋设了宴。而后，家久北上乘船渡过川内川，参拜了新田神社（位于今鹿儿岛县的萨摩川内市）。接着顺流而下，在川内川河口的久见崎住了一晚。在这段旅途中，他受到了菱刈众、隈城众、平佐众、东乡众、高江众等岛津家家臣们的热情款待，参加了许多场酒宴。

　　二十一日，家久乘船驶离久见崎之际，岛津家重臣桦山玄佐为他诵歌饯别，在船中开起了酒宴。船抵达阿久根港后，当地的统治者阿久根播磨守带着酒来拜访了家久。次日因没有顺风，无法行船，故再停留一日。无聊的家久去找别

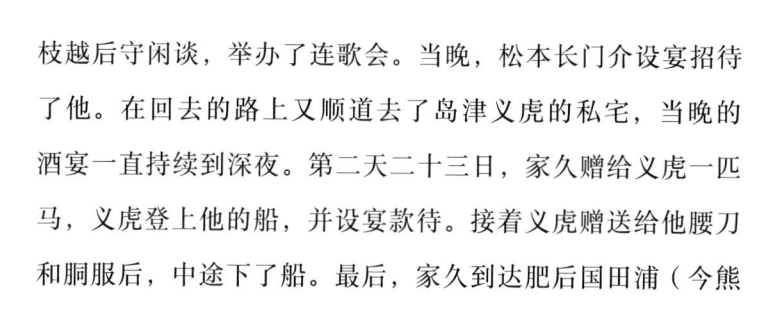

枝越后守闲谈，举办了连歌会。当晚，松本长门介设宴招待了他。在回去的路上又顺道去了岛津义虎的私宅，当晚的酒宴一直持续到深夜。第二天二十三日，家久赠给义虎一匹马，义虎登上他的船，并设宴款待。接着义虎赠送给他腰刀和胴服后，中途下了船。最后，家久到达肥后国田浦（今熊本县芦北町田浦町）。

纵观家久离开萨摩国之前的情形，岛津一族及其家臣接二连三的宴会尤为惹人注目。得知家久要上京后，不断有想要随行侍奉的家臣，但家久的旅行决定太过突然，他们来不及准备。（《上井觉兼日记》）因此家臣们热情款待家久，请求他帮忙连带着自己的那份心意去参拜，也就是所谓的"代参拜"。

天正三年（1575）三月二十三日，家久抵达肥后国田浦。次日，稍做休息后再次乘船出港。二十五日，在松桥（熊本县宇城市松桥町）浦下船后，转为沿陆路北上。

岛津家久在岛津一族管辖下的萨摩国，可谓是充分享受了惬意舒适的旅行。然而，他刚一踏入"外国"肥后国，就在关卡处遇到了麻烦。在古代，关卡是律令国家为维护治安等而设置的，但中世时的关卡是"经济性质的关卡"，以征收通行费为目的，该地区的权势者，如武士、贵族、寺院神社等会擅自设置关卡征收通行费，给旅人带去了不少麻烦。

　　家久在位于绿川和加势川之间的大渡（熊本市南区川尻）关卡支付了通行费。过了加势川后，前方的川尻又有一道关卡。因此，家久不得不在河的两岸分别缴纳通行费。当时关卡的泛滥程度由此可见一斑。前面说到过家久在京都逗留约一个月后，才出发前往伊势神宫，途中经过的关卡竟多达20处。

　　二月二十八日，家久一行人在南关（熊本县南关町）被拦下。据说，一行人中包括家久在内的50人顺利通过了关卡，但仍有50—60人遭到了拦阻。大概是关守（关卡的看守人）因为人数过多所以突然取消了通行许可吧。最终，在一位名叫南觉坊的僧人的交涉下，才得以全员通过。这位僧人应该是"先导"，即家久一行人的导游。如此，一行人终于进入了筑后国，在北关（福冈县三山市山川町北关）的旅馆中住下。

　　二十九日，已经彻底对关卡忍无可忍的家久在天还未亮时就从旅馆出发，走小道绕过了五六处关卡。但费了这么大的劲，他还是碰到了关卡。由于这次关守要求缴纳的通行费高得离谱，家久终于爆发了。当时家久虚岁29，正是一名热血气盛的年轻武者，于是家久的家臣们把关守打趴在地，强行闯过了关卡。

就连家久这样的高级武士，都要想方设法尽量回避关卡，可以想象对平民百姓来说，那么多关卡挨个儿付通行费是多么大的经济负担，况且平民们也不可能强行武力冲关。

于是，百姓们便经常搭权贵们的"顺风车"。权贵们过关时，关守慑其权势，多不加检查直接放行。这时，百姓就会以随从之名，与其一同通过关卡（《碧山日录》等），从中可以看出中世的民众也是很会想办法的。

家久一路北上，先后参拜了筑后的高良山（福冈县久留米市）、丰前的英彦山（福冈县添田町）等地，三月十日到达小仓（福冈县北九州市），接着乘船到达对岸的赤间关（山口县下关市）。至此，他终于抵达了本州。

家久一行人原本计划从赤间关乘船到安艺的宫岛，可奈何一直没有顺风，无法成行。虽然好不容易在十四日黎明启了航，但因途中遭遇逆风，最终还是折回了赤间关。

由于心心念念的顺风没有要来的迹象，不知何时才能行船，于是家久一行人在十五日放弃水路，改走陆路。二十四日，家久等人参拜了宫岛的严岛神社，四月二日到达了鞆之浦（广岛县福山市）。在此处，他们重新乘船走了水路。关于濑户内海的情况，家久这么写道："岛数众多，穿行而过。"

这次乘船走水路，家久一行人并未包下整条船或整个旅馆，于是自然而然地与其他乘客、同旅馆客人有了交流。四月九日,为等顺风的家久在室津(兵库县龙野市)逗留,与同旅馆的堺市人、船上结识的兵库人以及旅馆老板等人办起了宴会。次日,家久收到了堺市人作为慰劳送来的酒。十二日,开往堺市的船依然没开,家久在周围闲逛。于是堺市人便又带着酒去找他,在偶然发现的佛堂中开了酒宴。在《家久君上京日记》中,随处可见家久与平民这般坦率交流的记录,全然不似当主之弟的行为。

*

十三日,船夫说要延长停泊的时间,于是家久和其他乘客商量,一起租了另一艘船从室津出发了。家久不拘小节的性格,加上旅行所具备的神秘力量,令超越身份的交流与团结成为可能。

*

网野善彦说过"旅行期间,特别是寺社参拜,隔断了旅人与俗世的尘缘"。据他所言,旅人通过接触神佛,日常的等级关系被重新设定,由此产生了某种平等性。

血缘、地缘、主仆缘等诸多的缘,既是中世的人们生存于世不可或缺的联系,同时也是牵绊。以神佛之力斩断俗缘的状态被称为"无缘",这是网野史学上最为重要的一个概念。

虽然笔者对网野的无缘论持批判态度,但在"旅行使人自由"这一点上与之同感。水户黄门的电视剧之所以大受欢迎，不也正是因为其中蕴含了旅行的本质吗？

天正三年（1575）四月十四日，从室津出发的家久一行人抵达兵库港（今神户港），当日就下宿在此处。

次日，家久再次扬帆起航，后在西宫（今兵库县西宫市）靠岸。从此处改走陆路，经由昆阳（同县伊丹市）、茨木（大阪府茨木市）、芥川（同府高槻市）等地，最后于十六日晚住宿在山崎（京都府大山崎町）的井上新兵卫的宅子中。十七日他终于进入京都，实现了梦寐以求的爱宕山参拜。

四月二十一日，家久去拜访了著名的连歌大师里村绍巴。前面也已讲过，家久上京的目的不仅在于寺社参拜，与京都文化人的交流也占了很大比重。绍巴让家久一行人住在弟子心前的家中，于是家久便决定在此小住。

*

当天，家久在心前的引领下，参观了织田信长的军队列队行进的场景。那时信长刚好攻打完石山本愿寺回来。

以猛将著称的家久详细地记述了织田军返回京都的场面。织田信长率领着马回众（亲卫队）100骑赶往相国寺入住。周围有9面旗帜，上面画着永乐钱，也就是战国迷们熟悉的"永乐通宝"的旗号。

信长的前面有母衣众20人行进。母衣众指马回众中武艺最为精湛高超者，特准其身披母衣（披在铠甲背部的宽幅布）以示证明。据说信长将之分为了黑母衣众和赤母衣众。

军队的威严军容令家久瞠目结舌。他问其他参观者："大概有多少人？"有人回答道："共有17个国家的武士集中在此，应该有数万骑吧。"据织田信长的传记《信长公记》记载，当时织田军的总兵力为"十万余骑"。

*

据家久记载，信长本人"于马背上酣睡而过"。当时他骑在马背上睡着了。织田信长四月六日从京都出发，到八幡（京都府八幡市）布阵。七日到达河内国若江（大阪府东大阪市），八日开始攻打三好康长据守的河内高屋城（大阪府羽曳野市）。十二日又转移到摄津国住吉（大阪市住吉区），十四日逼近石山本愿寺（今大阪城公园），但未交战便撤退了。十七日包围了新堀城（堺市），十九日破城，取敌首级170颗。（《信长公记》卷八）

日程如此紧凑，会打瞌睡也就不足为奇了。说起信长，人们对他总有着强烈的"革命家"印象，相信也有一些人在得知这段逸事后对他产生了亲近感。

家久在京都滞留了一段时间。在此期间，受明智光秀邀请还参观了近江坂本城。天正三年（1575）五月二十七日，他终于从京都出发前往伊势神宫参拜。里村绍巴将他送到五条大桥（当时横亘在现在的松原通上）畔，还送上了酒和便当。《中世的寺社巡礼》中介绍了应永二十九年（1422）中原康富的伊势参拜。康富是从京都来到草津（滋贺县草津市），然后在水口（同县甲贺市水口町）住了一晚，最后翻过铃鹿峠。而家久选择了翻越御斋峠，穿过伊贺（三重县伊贺市）的路线。顺便一提，得知本能寺之变的德川家康也是翻越这座山回的国（"神君越伊贺"）。

*

五月二十九日，翻过青山峠进入伊势国的家久一行人于次日抵达宫川河。因为河对岸便属于伊势神宫（三重县伊势市）的圣地，因此他们便脱掉衣物，下河清洗了身体，即"禊袚"。

然而，一群"祢宜"突然来到家久等人身旁，嘴里念念有词且把他们的东西全都拿走了。这些祢宜恐怕并不是伊势神宫的神官，而是后来被称为"神道乞丐"的伪宗教者吧。神道乞丐明明不是正规的神职，却穿着神主的服装摇着铃，挨家挨户装模作样地作法除秽，强求施舍米钱，因此在江户时代被视作一大麻烦。家久一行人遇到的那群祢宜，应该也是"强行祈祷"，讹人钱财的神道乞丐。

家久等人的际遇还算是好的，有的人就更倒霉了。当时从安艺国（今广岛县西部）带着妻小来伊势参拜的一名男子，为了净身连兜裆布都脱了。这时祢宜来抢其衣物，男子急忙从河里冲上岸抢夺，和祢宜拉扯起来。由于男子一丝不挂，所以家久将之称作"裸体相扑"，还说"在众多参拜者面前如此行径，真是贻笑大方"。至于最为重要的神宫参拜感想，家久只留下了一句"其感动万语千言道之不尽"。

*

　　说点题外话，笔者在大学三年级时，曾参加过一个轮流讲读《家久君上京日记》的研讨小组，而笔者刚好负责"裸体相扑"这个部分。原文是"安芸国の人妻子を引くし参詣"（安芸国之人携妻子参拜），当然正确读法是"安芸国の人、妻子を……"（安芸国之人，携妻子……），但当时笔者却读成了"安芸国の人妻、子を……"（安芸国之人妻，携子……）不用说，惹得小组成员哄堂大笑。因为照这种读法，意思就变成了人妻进行裸体相扑，事态将愈发不妙。托这件事的"福"，笔者有一段时间被传为"好人妻的吴座"。从这以后，笔者就一直小心翼翼地注意不要弄错了逗号的位置。

　　家久完成了他向往已久的伊势参拜后，返程途中还顺便到奈良参拜了兴福寺和东大寺。回到京都，已经是天正三年（1575）六月六日了。第二天，他参观了京都规模最大的祭典——祇园祭。看完山形彩车巡行后，又在四条的金莲寺听进藤贤盛讲起了"武田和信长打仗的故事（五月二十一日的长篠之战）"。看来家久不只是一味地只顾游玩，还很勤于收集情报。

*

六月八日，家久终于决定回国。在和里村绍巴及其女婿昌叱一起参拜东寺，用完午饭之后，与其作别。作为茶人武将而广为人知的古田织部将他们送到了下鸟羽（京都市伏见区下鸟羽）。

家久一行人从下鸟羽乘船渡过淀川到达尼崎（兵库县尼崎市）。在南下堺町（大阪府堺市）稍做游览后返回尼崎，接着北上游览丹波国、但马国、因幡国和山阴地区。家久选择了与来时的濑户内海航路完全不重复的路线。从这一点也可以看出，此次参拜还包含着观光目的。十九日，他们到达面朝日本海的因幡国青谷（鸟取市青谷町），而后海陆并用继续旅行。

在伯耆国（今鸟取县中西部），毛利一族的家臣给旅人分发了"草鞋钱"。因为被毛利氏消灭的尼子一族的旧臣山中鹿助（山中鹿介幸盛）当时为了御家再兴，正在邻国因幡与毛利氏缠斗，所以这可能是毛利一族收买人心的举动。家久一行人也厚着脸皮收下了这笔钱。可能是他们的穿着太过寒酸，草鞋钱才会也有他们的份儿。

*

二十五日，家久一行人抵达石见国温泉津（岛根县大田市温泉津町）。顾名思义，这里是一条不折不扣的温泉街，家久也在此泡起了温泉。另外，从萨摩伊集院（鹿儿岛县日置市伊集院町）来的大炊左卫门还向家久奉上了酒和瓜。此人一直跟随家久回了萨摩，想来应该是专门迎接家久的吧。由此看来，家久果然是岛津的名门子弟。

在温泉津，家久观看了出云国当地男女老少共同表演的歌舞。而出云的阿国①首次登台表演被认为是歌舞伎源头的舞蹈，则是30年后的事了。

家久一回到旅馆，一位来自关东的僧人就邀他去喝酒。他本想拒绝，可僧人说着"我听说您来自萨摩"，就拿着酒径直走了进来，所以还是开了宴会。结识在平时本不可能有交集的远方之人也是旅行的一大乐趣吧。

---

① 日本古代著名女性歌舞伎表演者，公认的歌舞伎创始人，生活于安土桃山时代。

之后他们一直沿着海路前进，途经滨田（岛根县滨田市）、平户（长崎县平户市）、桦岛（长崎市野母崎桦岛町），最后从京泊（鹿儿岛县萨摩川内市港町京泊）登陆，回到了串木野城（鹿儿岛县萨摩川内市来串木野市）。因为等风耽误了些日子，所以七月二十日才到家。家久以"路人皆额手相庆"为这段旅程画上了句号。

中世的花祭

人们大多知道12月25日是耶稣的诞辰。那么4月8日呢？答案是佛教始祖释迦牟尼的诞辰。老一辈的日本人或许还记得曾有一档电视栏目在某期节目里采访涩谷的年轻人："你知道4月8日是什么日子吗？"结果令人震惊，竟然没有一个人答对。

正如圣诞节是为了庆祝耶稣诞生一样，在农历四月八日这一天也会举行庆祝释迦牟尼诞生的"佛生会"。现在日本则于公历4月8日举行，且多被称作"花祭"。

在这一天，人们会制作一座用鲜花装饰起来的小佛堂（花御堂），再将一尊以"天上天下唯我独尊"之姿降生的释迦像（诞生佛像）置于佛堂中央的水盘上，然后用长勺舀甘茶灌沐佛像。因此，佛生会又称作"灌佛会""浴佛会"。

*

现在用的是甘茶，而原来则要用"五色香水"灌浴。因为据《普曜经》等经典记载，释迦降生时，帝释天和梵天用香汤为之洗浴。虽名叫五色，但并非为有色的水，而是五种代表着青、红、白、黄、黑的香汤。因为在五行思想中，五种颜色表示森罗万象。而以花来装饰，则是基于释迦诞生于无忧树下的传说。

佛生会似乎是在佛教传入日本之后不久便相继传入的。据《日本书纪》推古天皇十四年（606）四月八日记："今年始，各寺于每年四月初八、七月十五（盂兰盆节）行佛事。"当然到了中世时，各寺院依然会举行佛生会。

本书多次提到的室町时代的皇族伏见宫贞成亲王，他每年四月八日都会前往菩提寺的大光明寺，在听完讲经后用香水浇灌佛像。不参拜大光明寺的年份，他也会派人把花御堂从寺院运到宫中，灌佛之后再送回去。（《看闻日记》）这可以算是为灌佛提供了上门送货服务。贞成的虔诚信仰自然毋庸置疑，但会不会也是因为他想欣赏五彩斑斓的花儿呢？

*

大家的"老熟人"——南北朝时期的禅僧义堂周信，曾在某年准备佛生会时向其弟子大发雷霆。弟子们为设计出华丽的花御堂，分批进入山野采摘漂亮的花草，并精心装饰。

这本是好事，但弟子们是分组制作的花御堂，最后在装饰的优劣上发生了口角，甚至还动起了手。义堂大怒道："僧人荒怠佛道修行，沉迷花卉装饰，实乃本末倒置！"于是第二年佛生会时，义堂就在外定做了花御堂。（《空华日用工夫略集》）

每当看到商场里装饰豪华的圣诞树时，笔者都不禁感慨："我们日本人还真是一点没变呐。"

中世的儿童节

5月5日是端午节，同时也是日本儿童节。提起儿童节，大家会联想到什么呢？首先浮现在脑海的大概会是鲤鱼旗、武士人偶和槲叶糕吧，其实这些习俗都始于江户时代。

要说可以追溯到中世的习俗，那就是吃粽子和洗菖蒲浴了。中世的粽子是把磨碎的糯米或粳米用竹叶、茭白叶等植物叶子包成圆锥形，最后用灯芯草扎起来蒸熟，其不能被称作点心。

洗菖蒲浴就没有必要说明了。此外，端午节时人们还会在屋顶铺菖蒲，枕着菖蒲枕睡觉。菖蒲的香气馥郁清新，再加上其叶形似剑，因此被珍视为驱邪良草。这些都是从中国传来的习俗。因为在古代中国，五月五日被认为是最不吉利

（恶月恶日）的日子。

*

有些中世时的习俗如今已经绝迹，如孩子们分成两队进行的石头大战。或许很多人都知道德川家康的一则逸事，他小时候在河滩上观看石头大战时，一针见血地指出了人少的一方会获胜。这虽然是江户时代虚构的故事，但它也充分说明了对当时的人来说，在端午节当天进行石头大战是很常见的事。不过在江户时代，大人们一般不让孩子们玩扔石头，而让他们玩模仿剑道的游戏，毕竟扔石头很危险。

*

中世的石头大战比江户时代更为激烈。文和四年（1355）的端午节，在京都，一群孩子戴着菖蒲头盔（用菖蒲叶做成的头巾）进行石头大战，但由于孩子们的亲属等大人也拿着刀加入了战斗，最后造成了人员伤亡。（《园太历》）

在当时，不仅少年，成年男性也经常进行石头大战。其暴力程度已经超越了游戏的范畴，和真打仗没有什么区别，所以往往会招致一连串的报复。

嘉吉三年（1443）五月五日，京都近郊的鸟羽地区和横大路地区（同属京都市伏见区）的人们进行石头大战时，横大路这边死了人，于是横大路的人们便纷纷涌向鸟羽放火。鸟羽一方不甘示弱，也朝横大路涌去，甚至连附近的村子

都各自选边站队加入其中。虽然最终经过调停,事态得以平息,但险些就酿成了一场大战。(《见闻日记》)

文正元年(1466)五月五日,兴福寺僧人经觉的专属轿夫小次郎在石头大战中被杀。于是七日,经觉召集了其他下人,斥责道:"尔等为何不立刻去报仇,哪怕是射敌人一箭呢!"然后将他们全部解雇了。(《经觉私要钞》)本该忌讳流血的僧人,却把报仇视作理所应当。这,就是中世。

中世的观光

最近似乎突然开始流行"成人社会课见学",即大人去小学社会课教学参观的固定场所——工厂和公共设施参观。在长大成人、知识相对丰富后再去参观学习,能够发现其中新的趣味。不过,"不怎么花钱"也是其火爆的原因之一。

对中世人来说,观光同样是他们重要的娱乐方式。其中最常见的,要属欣赏猿乐、田乐等艺能。

贞和五年(1349)六月十一日,为筹集重建四条大桥的费用,京都的四条河原举办了田乐表演。这相当于现代的慈善音乐会,吸引了许多人前来围观。据说一名八九岁的少年面戴猿猴面具,像猿猴一样飞来跳去。观众们因其精湛的技艺兴奋不已,忍不住地你推我搡,导致看台(铺着木板的观

看席)不堪重负而倒塌,造成了上百人死亡。(《师守记》《太平记》)

*

不过,看艺能表演原则上是要花钱的。有什么是能免费享受观赏的呢?军队行进就是其中之一。"中世的旅游"一节中介绍过织田信长骑着马打盹的故事(《家久君上京日记》),可见当时围观军队的出征与凯旋就属于免费的娱乐方式。

此外,在中世,战争本身似乎也是围观的对象。元弘元年(1331)八月,支持后醍醐天皇的比叡山延历寺僧兵和镰仓幕府军在比叡山山麓的唐崎(今大津市唐崎)交战。一个名叫快实的僧兵正要斩杀海东左近将监时,看客中突然跳出一名十五六岁的少年向他砍去。快实没想杀这少年,但在他要将少年摁倒在地时,少年却被其他人射死。其实这名少年是海东的嫡子,因为父亲不允许他随军,所以就混在看客中跟在了队伍后面。(《太平记》)

还有一种另类的观光,就是参观德政一揆。所谓德政一揆,是指要求免除借款,并归还抵押品的民众起义。(《一揆的原理》)嘉吉元年(1441),京都一位名叫松藏的金融业者与起义民众商讨交接抵押品问题时,围观者渐渐聚集起来。松藏和起义者联合将他们赶走,看客们愤怒不已,便在附近放起了火，据说连保管着抵押品的仓库也受火势波及被烧毁了。(《建内记》)这种情况下，这些看客很可能不只是看热闹这么简单了，恐怕还打算趁火打劫吧。

*

镰仓时代的佛教说话集《发心集》中收录了这样一则故事。一位叫作莲花城的僧人向其熟识的登莲法师倾诉"吾死期将至，欲投水往生"。登莲虽反对，但莲花城决心已定，所以登莲只好帮他做了投水自杀的准备。在登莲等人的注视下，莲花城一边诵佛一边慢慢沉入了京都桂川河底。人们都对莲花城的死感到崇敬和悲伤。

然而不久之后，莲花城在登莲面前显了灵。登莲问："你对我有什么怨恨吗？"魂魄回道："其实一下到河里我就害怕了，但因为有很多人看着，我也不好出尔反尔。您那时候为什么没有阻止我下水呢？"

看热闹的行为有可能会在不知不觉中把人逼上绝路。看来，我们平素还是应该多多留意才是啊。

中世的同僚

2016年，笔者编写的新书《南朝研究最前线》出版了。近些年对于后醍醐天皇建立的建武政权(南朝)，虽然研究进展很快，但其成果却只在研究者之间流传。为填补这种认知差距，笔者才计划出了这本书。

一般认为镰仓幕府成立后，武士便已取代公家登上了历史舞台。因此以天皇为中心、公家为主导的建武政权，往往会被视作武家政权（镰仓幕府和室町幕府）中疯狂绽放的一朵"时代空花"，甚至学界也存在着许多强烈批判"建武新政"太过理想化的声音。

然而，以上的理解主要是基于结果论的观点，即"建武政权垮台了，所以其政策定有缺陷"。但最近的研究指出，室町幕府承袭了建武政权的各项政策。由此可以看出，虽然建武政权以失败告终了，但后醍醐天皇改革的大方向是没错的。

*

比如，室町幕府的初代将军足利尊氏在授予武士们领地（土地）作为封赏时，会下发一份名为"袖判下文"的文书。然而由于战乱等缘故，下文会被乱发，从而导致了把同一块领地分给了多名武士，或误将己方武士或寺社的领地错给他人。此外还有明明拿到了下文，但由于赏地已被他人占据，无法实施管治的情况。

为解决这一问题，尊氏的管家高师直在核对下文的内容后，命令手下驱逐了非法占据者。据龟田俊和的研究，这时下发的文书"执事施行状"的原型是一种名为"杂诉决断所牒"的文书。这种文书是由杂诉决断所（建武政权的诉讼审理机构）下发的，目的是执行后醍醐天皇的命令。师直在建武政权时期曾担任过杂诉决断所的职员，很可能就是活用了当时的工作经验。

*

提到高师直，首先会想到他是一名闻名天下的武将，同时他也因为妄称"天皇、上皇可用木头、黄金造其替身，真人流放荒岛亦无甚不可"（《太平记》）而广为人知。所以人们对其印象多为藐视朝廷、寺社权威的傲慢恶人，但实际上师直这是在盛赞、仿效建武政权的政策。说起来，师直也会通过和歌与公家交流，不应该只被视为秩序的破坏者。

镰仓时代的高氏一族是侍奉足利氏的行政官僚，生于文官之家的高师直具备和歌等方面的教养也并不奇怪，反倒是他是如何成为勇猛果敢的武将一事，更让人好奇。

关于这一问题，龟田大胆猜测道："高师直或许是在建武政权时期跟着楠木正成学习了兵法吧。"虽然此推测并无确凿证据，但两人确实在该时期一起共过事。一想到"南朝忠臣"楠木正成竟与藐视天皇的高师直有私交，就莫名觉得有趣。

中世的"调职"

前不久，笔者参加了 NHK 历史节目《英雄的抉择》的录制，其主题为北条早云进攻伊豆。

提起北条早云，通常人们对其的印象都是从赤手空拳的"穷浪人"成长为战国大名的风云人物。然而真实的北条早云却是一名以伊势盛时之名，为室町幕府效力的精英官员。

伊势盛时的姐姐嫁给了骏河（今静冈县中部及东北部）大名今川义忠。义忠去世后，今川家发生了御家骚动[①]，这时盛时从京都赶来骏河，帮助亲侄子龙王丸（之后的氏亲）坐上了今川家的家督之位。

盛时因此功绩从今川家得到了封地，成为今川家的家臣，但仍籍于室町幕府。（《东山殿时代大名外样附》）由此可以认为，盛时从京都外放到骏河是基于幕府的指示或许

[①] 日本江户时代的大名家因家督继承、争夺权力等引起的内部纷争。在现代则用来比喻企业、家族等的内争。御家骚动通常由各大名家自行解决，但也有由幕府等外部进行仲裁的。

可。也就是说，盛时相当于是从"本部"幕府被借调到了"子公司"今川家。

明应二年（1493），38岁的伊势盛时攻打伊豆，讨伐足利茶茶丸。在此之前盛时刚刚出家，号"早云庵宗瑞"。人们推测，他出家的这一举动有脱离幕府之意，因为他把户籍从幕府转到了今川家。至于早云从今川家独立出来，成为战国大名，那就是后话了。

这种调职在战国时代似乎很常见。众所周知，明智光秀自永禄十一年（1568）后一直同时侍奉将军足利义昭和织田信长。相比较而言，光秀在织田家所做的事务要繁杂得多，所以基本上可以说是已经被借调到了织田家。

从明智光秀和丹羽长秀、木下秀吉（之后的丰臣秀吉）、中川重政等织田家臣之间初期的联署状（多人署名的文书）来看，光秀的地位并没有那么高。根据当时正式文书"书札礼"的书写规则，若收信人比寄信人地位低，那么在日期左边署名时，离得越远，也就是署名越靠后的人在寄信人中地位越低，若收件人比寄件人地位高，署名方式则相反。

在初期发给下属的联署状中，明智光秀的名字在最左端，也就是距离日期最远的位置。这就意味着光秀比丹羽长秀、木下秀吉，甚至比信长的随从（亲卫队）中川重政的地位还要低下，排在最末位。

此外，义昭的家臣细川藤孝在和木下秀吉等人共同署名时，署在了秀吉之上。这大概是考虑到藤孝是足利义昭的亲信，但到了光秀这里，就无须有此照拂了。之后，光秀逐渐获得织田信长的信赖，地位随之上升。当义昭和信长对立后，他追随了信长。至此，成为借调地织田家的专属家臣。

以丰臣秀吉的军师而闻名的黑田官兵卫（孝高），原本也是从小寺家借调过来的，由于官兵卫的主君小寺政职背叛了织田信长，官兵卫才变成了秀吉的专属家臣。

尽管以上举的都是战国时代的例子，但笔者认为此前就已经出现了调职现象了。比如下面这个例子。

在南北朝时期的今川家家主中，有一个名为今川了俊的武将。他曾奉室町幕府第三代将军足利义满之命，作为九州探题①去平定九州。当时，了俊和京都幕府之间的桥梁是美浓国官员斋藤入道圣真。

学界普遍认为，圣真是了俊的家臣，但了俊写给圣真的信非常礼貌，所以笔者认为事实并非如此。幕府有许多姓斋藤的官员，所以圣真会不会是从幕府被借调到了今川家呢？

---

① 日本中世由幕府派遣到地方，掌管政治、军事和审判等的地方长官。

像这样从"调职"这一视角重新研读史料，说不定会有新的发现。

中世的招待

最近几年，来日本的海外游客不断增加，"招待"这个词也就不绝于耳。

一听到"招待"这个词，第一时间想到的恐怕就是料理吧。天正十年（1582）三月，织田信长与德川家康合力灭掉了武田胜赖，信长将胜赖之前的领地骏河交给了家康。同年五月，家康为表达感激之情来到了安土城。信长命明智光秀接待了他（约两周后，本能寺之变爆发）。《天正十年安土御献立》记载了当时信长招待家康的菜单（五月十五日、十六日）。

*

从这份史料来看，信长准备的料理虽豪华却并不稀奇。有鲫鱼寿司、香鱼寿司、宇治丸（烤鳗鱼串）、咸海参肠（海参肠的腌制品）、盐渍香鱼肠（香鱼内脏或鱼子的腌制品）、咸鲑鱼（鲑鱼等的腌制品）、鲷鱼、海鳗、鲈鱼、鲤鱼、章鱼、墨鱼、贝鲍、大雁、鸭子、天鹅、苍鹭、云雀等。而这些料理早在15世纪就已经备受高级武士们青睐了。

"中世的新年"一节中介绍了室町幕府将军的"御成"。所谓"御成",是指将军造访大名的宅邸或寺院。迎接将军的大名们当然要准备膳食,由于御成的礼仪性很强,菜单也就慢慢固定了下来。

这种固定下来的菜单被称为"本膳料理"。信长招待家康的那一餐也按照的是15世纪确立的本膳料理的规格,让熟悉惯例的明智光秀负责接待,可以说是非常恰当了。顺便提一下,光秀准备的鱼不新鲜惹得信长大发雷霆的故事,其实是后人的杜撰。

同时,15世纪也是日本全国各地形成地方特产的时代,如宇治茶、大和柿等。这主要得益于当时京都非常盛行的招待与赠答文化。

尤其是甜瓜,因为招待、赠答对其的需求量很大,所以不仅是京都,连大和、近江、丹波、播磨等京都附近地区也都盛产此物。禅僧龟泉集证写道"播磨之瓜味甚美"(《阴凉轩日录》),从中可以看出品牌意识的萌发。

*

读中世的史料时,经常可以看到七夕赠瓜或用甜瓜招待客人的事例。

接下来再讲一个有趣的故事。贞治五年(1366)的七夕,多名僧人到本书经常提及的禅僧义堂周信那里游玩。他们在一起咏汉诗时，听到了卖瓜小贩的叫卖声，于是义堂就派弟子去买些瓜回来。不久后弟子空手而归，说："瓜基本上都熟过了，所以就没买。"

然而客人走后，那名弟子坦白道："其实是因为没钱买瓜才撒了谎。"（《空华日用工夫略集》）看来不管是以前还是现在，招待都让人很是费神呐。

中世的搬家

即便是在交通、通信非常发达的现代，搬家也是一桩麻烦事，更何况是中世的人呢。想必当时得下极大的决心吧。

不过，织田信长似乎就没有这样的心理。众所周知，他把自己的居城依次迁到了那古野城（今名古屋市）、清洲城（爱知县清须市）、小牧山城（今小牧市）、岐阜城（岐阜市）和安土城（滋贺县近江八幡市安土町）。不仅如此，信长在建造安土城之前，还多次往返于岐阜和京都，可以说是出差一族的先驱。

信长迁到小牧山城是为了征讨美浓。只是，要离开已经住惯了的清洲城，家臣们肯定会反对。于是信长心生一计，他先假意宣布要在条件非常艰苦的二之宫山（爱知县犬山市）建造居城，并命令家臣们迁往那里，接着在他们强烈反对之时,顺势改口道"那就搬到小牧山吧"。据说最后,被二之宫这一最坏方案击穿心理底线的家臣们欣然迁往了小牧山城。(《信长公记》首卷)

*

从上面这段逸事可以看出,大多数人都对搬家怀有不安。很多人连搬到同为尾张国(今爱知县西部)的其他地方去住都不愿意,更别提搬到一个全新的环境中了。

文龟元年(1501)三月末,原关白九条政基移居到了自己的领地和泉国日根野庄(今大阪府泉佐野市等)。像政基这样的贵族一般都住在京都,只需要享用从自己领地送来的年贡即可,有很多人甚至一生从未去过自己的庄园。极少会有身为关白的顶级贵族在京都之外的领地生活将近4年,因此他的日记《政基公旅引付》是了解当时农村的罕见史料。

对政基来说,乡村生活可以说是接连不断的文化冲击。尤其让他惊讶的是,当地对偷盗罪处罚的严苛程度。

文龟四年二月,因为上一年收成不好,缺粮的日根野庄百姓只能挖蕨菜根磨成粉充饥。要想把蕨菜根磨成粉,需要先把蕨菜在河里浸泡一晚,但他们的蕨菜连着好几晚都被偷了。

于是,百姓们便在河岸边安排了人看守蕨菜。小偷果然现身,追去发现小偷跑进了泷宫神社(今火走神社)巫女的家中。原来犯人是巫女的两个儿子,最后他们母子三人竟全被百姓所杀。

*

得到禀报的政基不悦道:"还没搞清楚母亲是否参与了偷盗就把她也杀掉,未免太过分了。"但人已经被杀,他也只能无奈地接受了。他在日记中写道:"偷盗实乃自作自受。南无阿弥陀佛。"

只因偷了蕨菜就落得被杀的下场,这对于一直住在京都的政基恐怕是难以想象的。但如果不入乡随俗地顺应乡村的规则,他作为领主的政基就将不稳。这,就是战国时代。

中世的自夸

艺人高田纯次虽已年过古稀,却仍深受年轻人喜爱,其秘诀似乎在于"不说教""不讲往事"和"不自夸"。

兼好法师著于镰仓时代的随笔《徒然草》一文也告诉我们,即便是领悟了人生真谛的佼佼者,年老后也要注意不要打着给年轻人提建议的幌子自夸,就算被问到也要回答"现在都忘光了"。

虽说如此,但想向他人讲述自己的丰功伟绩乃是人之常情。平氏灭亡后的建久二年(1191)八月一日,源赖朝的宅邸举办了一场宴会,一个名为大庭景能的老武士就对其他武士讲起了自己在保元元年（1156）保元之乱中的英勇事迹。

*

据他所说，保元之乱中他碰到了被称为日本第一弓箭手的源为朝。他注意到为朝的弓箭太长不适合骑射，断定"为朝或许不擅骑射"，于是迅速驱马接近。为朝的箭的确没有射中他的躯干，而是射到了膝盖上，所幸捡回了一条命。景能最后对武士们说道："你们啊，不要觉得老头子的话不必放在心上，好好给我记着。身为武士，马术不精湛可不行。"这真是完美融合了"说教""往事"和"自夸"。

虽然记载着这件事的历史书《吾妻镜》中称"大家都佩服得五体投地"，但笔者觉得毕竟是35年前的事情了，只有景能经历过，在场的人也只能是随声附和道"原来如此""长知识了"。何况为这场宴会准备酒肴的人正是景能，那就更得如此了。

*

这个时代的武士经常会给子孙留下些训诫之词，称为置文，其中也不乏自夸之语，毕竟将先祖的伟业代代相传下去也是子孙的职责。以今埼玉县东松山市正代为大本营的小代行平也曾留下置文，其中的自夸令人莞尔。

据记载，有一次源赖朝去参拜伊豆山神社，行平作为护卫随行。赖朝下神社石桥时，啪地拍了一下行平的肩膀，说

道："我一直把你当作推心置腹的家臣。"(《小代文书》)

赖朝为了击败平家在伊豆举兵时，也曾单独召见每名武士，并对他们说："虽然从来没和你说过，但其实在我心里，唯一靠得住的就是你了"(《吾妻镜》)所以，笔者认为赖朝此次也对行平以外的武士说了相同的话。

然而行平却得意地将这件不值一提的小事，当作可以与战功相提并论的光荣事迹记录了下来。研究镰仓幕府的细川重男把赖朝和行平的关系比喻为偶像和粉丝的关系。这种自夸并无不可，笔者觉得完全可以理解。

中世的武士们为了提高自家的声誉，都喜欢讲述先祖和自己的英雄事迹。他们的一部分自夸内容以史料的形式流传至今。作为中世史的研究人员，也许正应该感谢他们的这种自夸喜好。

中世的骂人

在人与人的交流中，占比很大的要素恐怕就是对话了。然而有时它会演变成互相辱骂，甚至还会发展到动手的地步。

有关中世时期骂人的例子，源赖朝痛骂御家24人之事可谓是家喻户晓。他们未经赖朝许可擅自从朝廷处获得官职，因此被赖朝骂得狗血淋头："狗屁不通还好意思当官""浑身有用的就剩那张嘴了""也不撒泡尿照照自己""鼠目寸光之辈""破锣嗓子"，等等。(《吾妻镜》)赖朝的愤怒跃然纸上，而且从中也可以看出，他准确地把握了每个御家人的特征。

虽然不是当着本人的面，但信长大骂背叛并围剿自己的武田信玄一事也很有名。信长给当时关系很好的上杉谦信写了一封信，信中倾吐了对信玄的愤恨："信玄的所作所为真是过分，可以说是空前绝后，竟然连武士情义、被世人嘲笑也不顾，真是无药可救了。"(《真田宝物馆所藏文书》)从中可以看出，信长虽然一直给人一种革命家的印象，但却意外地重视武士道和世间的评价。

*

镰仓幕府制定的日本史上第一部武家法律《御成败式目》中，有对"谩骂罪"进行处罚的规定。为什么不允许骂脏话呢？正如《御成败式目》所说的"斗杀始于恶言"，语言的交流可能会引发互相残杀。实际上，幕府对平民间的谩骂很宽容，但却禁止武士间相互辱骂。因为武士非常看重名誉，容易发展成用武力洗刷屈辱。

具体来说，骂怎样的脏话才会受处罚呢？建历三年（1213），波多野忠纲和三浦义村因打头阵之功争执了起来。忠纲为表达"连我往前冲的身影都没看到，你眼睛是瞎了吗"这一意思，用了"瞎眼"一词，因此非但没得奖赏，还被处罚了。(《吾妻镜》)因为当时人们都公然歧视盲人，所以"瞎眼"这句脏话对武士来说是极大的侮辱。在法庭上辱骂对方"不过就是个以前辗转各国的要饭之辈"而受到处罚的事例，也与"瞎眼"这个情形相近。

此外，"恩顾之仁"这一表达也被视为"脏话"(《萨摩山田文书》等)。可能大家一时品不出这个词哪里不好，其实这其中暗含着"受我家恩惠的人等于我的家臣"的意思。镰仓幕府的御家人自诩为直接侍奉将军的独立武士，他们无法忍受被他人看作是其他武士的家臣。

*

不过即便是侮辱性的话语，但只要说的是客观事实就不会受到处罚。比如，对于"你奶奶以前是白拍子(妓女)"这句话，幕府就曾裁定道"所说为实，不算脏话"。这点倒与现代非常不同。

中世的人生咨询

报纸、广播、电视等媒体上，人生咨询类节目和专栏的人气经久不息。其中既有引人深思的深刻内容，也有不值一提的夫妻争吵。毫无疑问，对当事人来说所咨询的事都是大问题。

中世时接受咨询的主要是僧人。建久三年（1192），武藏国儿玉郡（今埼玉县儿玉郡）的武士甘糟忠纲奉朝廷和镰仓幕府之命，去镇压比叡山延历寺僧兵的暴动。途中忠纲去拜访了法然上人，并向他请教了如下内容：

"我一直向往往生，可这次马上就要上战场了。我生于武家，不得不起杀敌的恶念，这样一来我往生的念头就没了。反之，如果我往生的念头强烈，就不会有勇气战斗，继而被俘，家族也将覆灭。难道就没有不用舍弃武士家门便可往生的方法吗？"

*

对此法然回答道："我佛慈悲，世人不分善恶，皆救之。有罪之人，口念南无阿弥陀佛便可往生。纵战死沙场，口中念佛即可。"说完还给了他一套袈裟。

忠纲大喜，将袈裟穿于铠甲之内奔赴了战场。激战过后，他长刀折断，人也身负重伤。于是他丢下长刀，口中诵佛，最终落入敌手。这时紫云腾起，忠纲灿然往生。（《法然上人绘传》）当时，紫云现世这一奇祥之兆被视作已故之人往生的象征。

武士以杀人为业，其生存方式从本质上有悖于佛道，这成为盼望往生的武士们的一大烦恼。因此，他们经常寻求这种咨询。

贞治六年（1367），统治关东的足利基氏（室町幕府第二代将军足利义诠之弟）去世，年幼的嫡子氏满承了衣钵。武藏的武士于次年，即应安元年造反，辅佐氏满的上杉朝房平定了叛乱。

*

平叛之后，朝房去拜访了时任镰仓瑞泉寺住持的禅僧义堂周信。他问道："吾为国杀诸叛逆，此罪应由谁担？"义堂回答道："汝为指挥官，当负之。"他又问："若一念不生（没有杂念的了悟状态），可不负罪否？"义堂劝诫道："一念不生切勿随意诉之于口。"

朝房接着问："此罪孽坐禅可脱否？"义堂回答："不想此事，乃一念不生之根本。"朝房又追问道："做何可摒除杂念？"但义堂没有给出明确的回答，只是请他下次再来。（《空华日用工夫略集》）

义堂的回答看似冷酷，但他劝诫朝房"不去想"战斗之罪，这也是一种帮助。如果他生活在现代，说不定会因讲话尖锐而大受欢迎呢。

中世的对谈

拙著《应仁之乱》（中公新书）出版后，笔者收到了许多对谈的邀请。对于像笔者这样偶尔写出一本畅销书的人来说，与不同领域、不同行业的领军人物对话是很好的体验。不过，对谈双方大都是自尊心比较强的人，由于背景和价值观不同，有时可能因对方的发言而感到不快。

*

应仁之乱的其中一位主角、西军的总大将山名宗全一日到某大臣的府邸拜访，两人就最近的乱世进行了交谈。大臣博征古例，自作高明地阐述了自己的观点。不买账的宗全反驳道："您说的也在理，但反复引用过去的事例来增强自己观点的说服力，这是不可取的。日后还烦请您用'时'来替代'例'这个词。'例'说到底只不过是当时的'例'，正因为你们被过去的做法束缚，不了解时代的变化，才会被武家夺走天下。像我这样身份低微的武士与您这般的贵人平等对话，不也是没有先例的吗？这就是所谓的'时'。若您想弃'例'知'时'，鄙人宗全愿助您一臂之力。"据说大臣被说得哑口无言，缄默良久。

记载着这件逸事的说话集《尘塚物语》成书于宗全死后

80年左右，因此这件事是否属实还不得而知。不过有趣的是，宗全能言善辩的形象深入人心，后人大都认为"这确实像是宗全会说出来的话"。

*

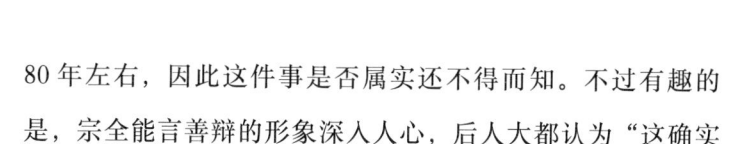

还有一个与此类似的故事。一位自称叫宗訚的老人曾拜访已是天下霸主的德川家康。宗訚是何人呢？正是家康曾经的主君今川氏真（今川义元的嫡长子）。

不知什么时候，两人谈到了和歌。氏真做大名时就拜了冷泉为益为师，跟随他潜心学习和歌，当时在京都歌坛已经占据了一席之地。于是氏真滔滔不绝地发表了一番歌道（和歌之道）论。

然而家康却说："师父的教导也好，和歌书中写的也罢，公家作的和歌都太讲究了。其实和歌只要把所感受到的原原本本表达出来就行了。"他并不认同氏真的观点。

家康还批判了《平家物语》中记录的关于平忠度的故事。平家都城陷落之际，忠度意识到自己死期将至与家族即将灭亡的事实，于是返回都城将自己所作的优秀和歌交予师父藤原俊成。俊成后来将这些和歌收录进了《千载集》。但他认为："忠度有研究歌道的时间还不如去精进武道，不然平家也不会战败。"这句话实则在讽刺氏真过于痴迷和歌而导致丧国，说得氏真羞愧不已。（《故老诸谈》）

这个故事或许是虚构的，但它体现了江户时代"武士不应沉迷和歌"的价值观。不论真实与否，今天依然能看到那些卖弄学识的学者被实干家反驳得哑口无言的场面。

中世的读者

中世时期，不同阶层的人们都读些什么书籍呢？遗憾的是，并没有关于这方面完整的史料留存下来。我们只能借助公家、僧人的藏书目录和日记中的零星记述来判断。在当时的上层社会中，读书是一种学习，因此多采用学问渊博的人边教边读的讲读形式。

室町幕府把都城迁到京都后，武家与公家、僧人间的关系变得比前代更为密切，武士也开始积极学习文艺、学问等。今川范政（今川义元的祖先）甚至还写了《源氏物语》的概要书《源氏物语提要》。

后小松天皇之父后圆融上皇去世后，室町幕府的第三代将军足利义满作为后小松的监护人，即事实上的上皇发号施令。此前从来没有臣下（非皇族）的地位高到相当于上皇，有关义满成功的原因，至今仍有争论。

*

关于这点，有人认为义满或许是仿效了《源氏物语》的主人公光源氏。确实，光源氏虽为臣下，却从冷泉帝（光源氏与藤壶中宫私通所生之子）时期就被赋予了等同于上皇的地位。据说，义满通过主导后小松天皇行幸北山等活动，将自己类比光源氏，从而使自己的上皇待遇正当化。

对上述观点，有人批判道：《源氏物语》毕竟是虚构的故事，光源氏不能算是先例。笔者也赞成这个意见，但笔者认为义满在读了当时的必读书《源氏物语》后，虽然没能对其施政造成影响，但他也有可能出于兴趣模仿了艳福不浅的光源氏。毕竟义满可是一个连弟媳都要染指的"色中饿鬼"。

*

既然已经些许偏离了主题，那顺便再介绍一下有关《源氏物语》的国文学①研究。有一种说法认为，《源氏物语》最初的形态与我们现在所看到的不同，它原本只是一部单纯的成功学物语，讲述了光源氏享尽世间荣华的故事。

据说考虑到文体、时间推移以及登场人物，才追加了"空蝉""夕颜""末摘花""玉鬘"等光源氏失败的爱情故事并在书中多处插入了喜剧情节，其结果便是导致故事的

---

① 日本指本国的文学，亦指研究日本文学的学问。

发展出现了不自然的部分。

既然要把光源氏塑造成不同凡响的优秀贵族,为什么还要插入失败经历呢?关于这一点也有说明,据说这是为了回应批评光源氏过于完美、缺乏真实感而加上去的。

作为门外汉,笔者无法判断以上的说法正确与否,但笔者也认为紫式部并不是一口气写完了这部长篇巨著。想必她一定是边看读者的反应,边对故事的走向进行了修改。以紫式部为例虽然有些恬不知耻,但笔者在日常的写作活动中也时常注意参考读者和听讲生的问题和意见。

结　语

本书缘起于笔者在朝日新闻的周六附刊《be》上连载的专栏《生活历史学》。这次连载始于2014年10月，接档同年9月结束的矶田道史先生的《预备历史学》，共持续了三年半的时间。不过与矶田先生一人独揽周六连载不同，笔者的专栏是与山室恭子的《商魂历史学》、酒井纪美的《梦想历史学》以及原田信男的《饮食历史学》共同接力完成的，四人轮流刊载，每人每月一回。

另外，中途还发生过成员更迭。后续的连载内容变成了佐多芳彦的《服装历史学》、丸山裕美子的《表里历史学》、千叶真由美的《村民历史学》。笔者的连载于2018年3月正式完结。

接到这个连载约稿的时候，笔者已经出版了两本面向大众的历史书《一揆的原理》（洋泉社）、《日本中世战争史："下克上"真的存在吗？》（新潮选书），还取得了博士学位。但在大众眼中，笔者仍然只是一个寂寂无闻的历史学者，与山室、酒井、原田等资深研究人员相比，专业成就也明显逊色很多。在此，万分感谢朝日新闻社的佐佐波幸子女士，感谢她邀请笔者接任此连载。另外，也十分感谢继佐佐波女士之后负责本稿的木村尚贵先生，感谢其在连载期间的诸多照拂。

犹记当时佐佐波女士对这一专栏的要求：要展现旧时代人们的生活状态，不讲政治、外交、军事等生硬内容。而笔者之所以选择以"交流"作为主题，无非是出于一种浅薄的打算，如果让主题尽可能地宽泛，就不难找素材了。极端点说，只要两个人言辞应对，就可以算作"交流"。

尽管如此，笔者每次写稿还是千难万难，故不由敬佩起矶田先生来，他可不是每月一回，而是每周都要写。

在这种情况下，读者的反馈令笔者备受鼓舞。诸如"历史人物突然有了人情味，让人感觉很亲近""不单纯只学习历史，这一点很好"等，收到了许多善意的来信，笔者想，或许连载出乎意料地很受欢迎呢。

朝日新书编辑部委托笔者将连载整理成书，但内容不够，并不足以成书。虽然笔者也考虑过用其他媒介继续进行这个系列，但也考虑到了"前言"中提到的问题，最终决定不再写专栏，而是加上坚实的概论后成书出版。

为了了解如何写才能更好地传达信息，在着手本书第一部分之前，笔者曾在朝日文化中心的中之岛教室，分三次演讲了其中的内容。听讲生们都非常热情，笔者也收到了很多问题和意见。借此机会向他们致谢。另外也十分感谢负责人小寺千绘女士。

笔者在书籍问世之际，总会注意以下两点："不写已经有同类书的没有新意的内容""不炒自己的冷饭"。总之，避免粗制滥造、赚钱至上的快销书。这是作为学者的一点矜持，此意图是否实现，就交由读者来评价了。

最后，由衷感谢本书的编辑国东真之先生。如果没有他亲切温柔的鼓励，本书不可能这么快就出版发行。

吴座勇一
2020 年 1 月 10 日

图书在版编目（CIP）数据

欢迎来到日本中世/（日）吴座勇一；杨晓钟，
寇梦珂，唐珊珊译.—西安：陕西人民出版社，2023.3
ISBN 978-7-224-14638-7

Ⅰ.①欢… Ⅱ.①吴… ②杨… ③寇… ④唐… Ⅲ.
①日本—中世纪史—通俗读物 Ⅳ.① K313.340.9

中国版本图书馆 CIP 数据核字（2022）第 143220 号

著作权合同登记号　　图字：25-2022-123
©2020 Goza Yuichi
Original Japanese edition Published by Asahi Shimbun Publications Inc., Tokyo.
Chinese translation rights in simplified characters arranged with
Asahi Shimbun Publications Inc., Tokyo.
through YIYUAN HEJUAN Agency, Inc., Peking

出 品 人：赵小峰
总 策 划：关　宁
策划编辑：管中洣　张阿敏
责任编辑：管中洣　张阿敏
整体设计：白明娟

欢迎来到日本中世

作　　者	［日］吴座勇一
译　　者	杨晓钟　寇梦珂　唐珊珊
出版发行	陕西新华出版传媒集团　陕西人民出版社 （西安市北大街 147 号　邮编：710003）
印　　刷	陕西博文印务有限责任公司
开　　本	880mm×1230mm　32 开
印　　张	6.625
字　　数	115 千字
版　　次	2023 年 3 月第 1 版
印　　次	2023 年 3 月第 1 次印刷
书　　号	ISBN 978-7-224-14638-7
定　　价	49.00 元

如有印装质量问题，请与本社联系调换。电话：029-87205094